EXPERIÊNCIA E PENSAMENTO FRANCISCANO

Dados Internacionais de Catalogação na Publicação (CIP)
(Câmara Brasileira do Livro, SP, Brasil)

Mannes, João
  Experiência e pensamento franciscano : aurora de uma nova civilização / João Mannes. – Petrópolis, RJ : Editora Vozes, 2021.
  Bibliografia
  ISBN 978-65-5713-396-5
  1. Catolicismo 2. Franciscanos 3. Igreja Católica I. Título.

21-75988   CDD-255.30092

Índices para catálogo sistemático:
1. Franciscanos : Vida e obra   255.30092

Aline Graziele Benitez – Bibliotecária – CRB-1/3129

JOÃO MANNES, OFM

EXPERIÊNCIA E PENSAMENTO FRANCISCANO

Aurora de uma nova civilização

© 2021, Editora Vozes Ltda.
Rua Frei Luís, 100
25689-900 Petrópolis, RJ
www.vozes.com.br
Brasil

Todos os direitos reservados. Nenhuma parte desta obra poderá ser reproduzida ou transmitida por qualquer forma e/ou quaisquer meios (eletrônico ou mecânico, incluindo fotocópia e gravação) ou arquivada em qualquer sistema ou banco de dados sem permissão escrita da editora.

CONSELHO EDITORIAL

Diretor
Gilberto Gonçalves Garcia

Editores
Aline dos Santos Carneiro
Edrian Josué Pasini
Marilac Loraine Oleniki
Welder Lancieri Marchini

Conselheiros
Francisco Morás
Ludovico Garmus
Teobaldo Heidemann
Volney J. Berkenbrock

Secretário executivo
João Batista Kreuch

Diagramação: Sheilandre Desenv. Gráfico
Revisão gráfica: Fernando Sergio Oliveira da Rocha
Capa: Ygor Moretti

ISBN 978-65-5713-396-5

Editado conforme o novo acordo ortográfico.

Este livro foi composto e impresso pela Editora Vozes Ltda.

Sumário

Apresentação, 9

Introdução, 11

I. **Experiência originária e pensamento franciscano, 15**
  1 **Experiência e pensamento franciscano, 15**
  2 **A conversão de São francisco ao Evangelho, 17**
  3 **São Francisco, o inspirador de novas ordens religiosas, 19**
  4 **Perfil humano e espiritual de São Francisco, 22**
    4.1 Pobreza e liberdade, 23
    4.2 A sublime humildade, 27
    4.3 Atitude de amor, cuidado e serviço, 29
    4.4 A cortesia cavaleiresca, 31
    4.5 A perfeita alegria franciscana, 33
  5 **Relação afetuosa de francisco com as criaturas, 36**
  6 **O *Cântico das Criaturas*, 40**

II. **Contemplação de Deus no *Itinerarium mentis in Deum*, de São Boaventura, 45**
  1 **Sobre a vida e escritos de Boaventura, 45**
  2 **A obra *Itinerarium mentis in Deum*, 47**
    2.1 A existência humana como *itinerarium*, 47
    2.2 O itinerário da *mens* em Deus, 50
    2.3 O itinerário da existência *in Deum*, 51
  3 **Os três estágios de ascensão a Deus, 53**

3.1 A contemplação de Deus fora de nós: nos vestígios, 55

3.2 A contemplação de Deus nas potencialidades da alma humana, 58

3.3 A contemplação de Deus acima de nós: Ser e Sumo Bem, 60

4 Possibilidades e limites da cognoscibilidade de Deus, 62

III. A criação do universo na visão de Boaventura e João Duns Escoto, 69

1 Origem e finalidade da criação na visão de Boaventura, 69

2 A criação e a encarnação do Filho de Deus segundo Duns Escoto, 73

2.1 A contingência do criado e da vontade criadora, 74

2.2 A criação em vista da encarnação do Filho de Deus, 76

IV. A dimensão relacional do ser humano na perspectiva franciscana, 81

1 O que é o ser humano?, 81

2 A antropologia relacional de Boaventura, 83

2.1 A complexidade do ser humano: corpo-alma-espírito, 84

2.2 A pessoa: uma individualidade em relação, 88

3 Elementos da antropologia de João Duns Escoto, 91

3.1 Relação entre vontade e intelecto, 92

3.2 A essência da liberdade humana, 93

3.3 A singularidade de cada pessoa: a *haecceitas*, 97

4 A valorização do indivíduo no nominalismo de Ockham, 101

V. Proposta franciscana de educação para uma nova civilização, 105

1 São Francisco e a questão dos estudos na ordem, 105

2 Concepção franciscana de educação, 108

2.1 Educação para a liberdade e a consciência crítica, 111

2.2 Educação para a sabedoria, 113

2.3 Necessidade de um novo paradigma educacional na atualidade, 114

2.4 Proposta franciscana de educação humanizada do Papa Francisco, 117

VI. Liderança servidora na perspectiva franciscana, 121

1 Compreensões equivocadas de liderança, 121

2 A verdadeira arte de liderar pessoas, 123

3 Liderança servidora franciscana, 127

4 Liderar é construir pontes para uma nova civilização, 131

VII. Crises da Modernidade e ética franciscana para uma nova civilização, 133

1 Crises da Modernidade e Pós-modernidade, 133

1.1 As crises ética e social, 136

1.2 A crise ecológica, 138

2 Ética franciscana para uma nova civilização, 140

2.1 Habitar a casa do amor e da liberdade, 140

2.2 Ética e responsabilidade socioambiental, 143

2.3 Ética da compaixão e do encontro eu-tu-nós, 147

2.4 Ética franciscana da fraternidade universal, 151

VIII. Conclusão, 157

Referências, 161

Apresentação

"Irmãos todos, prestemos atenção..." Assim tem início a Admoestação 06 de São Francisco de Assis a seus irmãos, na qual recorda-lhes a dignidade de uma vida com o sabor do Evangelho. Ele mesmo, decididamente, se fez "Evangelho vivo". O "Pobre de Assis" brilha no horizonte da história como perfeito seguidor de Jesus Cristo, espelho de Cristo, *alter Christus*, modelo de virtudes sociais, democrata do mundo, trovador, poeta, cantor, "protótipo ocidental da razão cordial e emocional" (M. Scheler), paladino da Paz e do Bem! Lendo e relendo seus escritos, salta aos olhos seu amor por Deus, pelo ser humano e pela casa comum, considerada irmã, com quem partilhamos a existência.

A mudança de época que vivemos, marcada por inovações científico-tecnológicas portadoras de questões éticas, pelo fenômeno da globalização que procura eliminar diferenças, pelas graves crises econômica, política, cultural, religiosa e social produzindo exclusão e miséria, exige abordagem crítica, serenidade e coragem para retornar ao essencial da existência e da convivência humana. A pandemia do coronavírus acelerou a necessidade de voltar ao que importa para que "toda a humanidade se abra à esperança de um mundo novo".

O Santo de Assis foi um reconstrutor de relações. Foi um homem impetuoso, de ação. Podemos colher em seus escritos e nos textos de seus biógrafos expressões de "urgência" e de "pressa", distintas da afobação que marca – ou marcava! – a vida cotidiana de muitos. Era-lhe urgente resgatar o princípio basilar do amor por tudo e por todos, pois compreendia que "o Amor não é amado".

Não economizou esforços para ir ao encontro do sultão do Egito, do lobo que ameaçava a vida da comunidade de Gubbio, de reconciliar-se com o irmão que poderia se sentir menosprezado, de se fazer solidário com o irmão penitente, de encontrar a quem ninguém desejava encontrar, empenhando-se assim na construção de uma trama de respeito e de fraternidade.

O momento histórico que vivemos, marcado pela irrupção da pandemia do coronavírus, pode ser assumido como "aurora de uma nova civilização". A intuição originária da experiência-pensamento de Francisco de Assis, compartilhada por Boaventura de Bagnoregio, Duns Scotus e tantos outros ao longo da história, continua sendo um paradigma para a construção e a realização do sonho de uma nova civilização: a fraternidade humana e cósmica.

A espiritualidade franciscana nos "re-corda" que somos peregrinos de um itinerário comum, originariamente irmãos e irmãs, pois filhos e filhas do Pai do céu. A antropologia relacional franciscana, bem como a ética da liberdade e da reponsabilidade socioambiental oferecem elementos vigorosos para a promoção de uma sociedade mais justa e fraterna.

A presente obra oferece indicações preciosas para quem se empenha em cooperar para deixar o mundo, com tudo que o caracteriza, um pouco melhor para as futuras gerações! Fazemos votos de que, por meio deste texto, seja possível ao leitor, desejoso de indicações para uma vida segundo o Evangelho, aproximar-se sempre mais d'Aquele, "no qual todas as coisas foram criadas" (Cl 1,16), até o ponto de fazer seus os sentimentos d'Ele (Fl 2,5).

Dom Jaime Spengler, OFM
Arcebispo de Porto Alegre -RS

Introdução

O horizonte cultural do mundo em que vivemos é marcado vigorosamente pelas contínuas inovações tecnológicas, pelo progresso científico, pelo fenômeno da globalização nas esferas econômica e cultural, pelo vertiginoso desenvolvimento das tecnologias da comunicação; enfim, pela mudança de época, acelerada pela Covid-19. Ainda antes desse cenário de pandemia sanitária, o atual contexto civilizatório é marcado por paradoxos e contradições: o individualismo exacerbado e a sensação de autossuficiência, de um lado, enquanto de outro salta aos olhos a pluralidade cultural, étnica, política, econômica e religiosa. Por isso, são imensos os desafios para uma convivência harmoniosa entre todos.

De fato, vivemos um momento histórico de intensas percepções sobre rápidas e profundas mudanças, incertezas, ambiguidades, catástrofes sociais e ambientais, indiferença globalizada, xenofobia, intolerância religiosa e polarizações ideológicas. Por estarmos emparedados pela crise provocada especialmente pela pandemia de Covid-19, tudo isso se potencializou. Nesse cenário, precisamos muito, então, de um Sol que nos aponte o caminho de superação da autorreferencialidade, para uma nova civilização de fraternidade universal.

Essa luz pode bem ser representada por São Francisco de Assis que, no discipulado de Jesus Cristo pobre, humilde e crucificado, inaugurou uma maneira peculiar de ser, pensar, viver, conviver e agir. O seu *modus vivendi*, em perfeita união mística consigo mesmo, com o outro, com a natureza e com o Transcendente, é um paradigma de ideal humano para todos nós. Por isso, se um dia desejarmos reencontrar o caminho que nos leva à maturidade humana e espiritual e à concretização do sonho de uma nova civilização, será no caminho do Pobre de Assis. Já o escritor e poeta Dante Alighieri (1265-1321), em *A divina comédia* (Paraíso, Canto XI), considerou a pessoa de Francisco de Assis um dos luminares de que a humanidade, então, precisava para reencontrar a via da verdadeira humanização. Por isso, referido-se ao seu natalício, escreveu: "Nasceu para o mundo um sol".

Nas reflexões que seguem, iluminados pelo Sol de Assis, primeiramente, temos por objetivo evidenciar a experiência originária do pensamento franciscano, que é experiência do "espírito do Senhor e do seu santo modo de operar" (RB 10, 8), isto é, a experiência de Francisco ao seguir Jesus Cristo. É dessa experiência espiritual de Francisco e dos seus primeiros companheiros que se origina o pensamento da Escola Franciscana medieval.

Um dos maiores expoentes da escola filosófico-teológica franciscana medieval é São Boaventura de Bagnoregio (1217-1274). A sua experiência e imensa obra literária, especialmente os seus opúsculos místicos franciscanos, comprovam que foi um fiel seguidor de Francisco de Assis. Já como Ministro Geral da Ordem Franciscana, em 1259, escreveu a sua obra principal, o *Itinerário da mente para Deus* (*Itinerarium mentis in Deum*). O *Itinerarium* é mais do que uma obra literária; trata-se de uma experiência de interiorização para o íntimo mais íntimo de nós mesmos. Este Itinerário, exemplarmente percorrido por Francisco de Assis, é caminho de desapego e de desprendimento de tudo para, exterior e interiormente livre, no deserto interior, contemplar a presença e o retraimento de Deus nas e através das criaturas e, acima de todos os entes, como Ser e Sumo Bem.

Além de Boaventura, temos outros notáveis pensadores da Escola Franciscana, dentre os quais destacamos João Duns Escoto (1266-1308) e Guilherme de Ockham (1285-1349). Na concepção desses pensadores, notadamente de Boaventura e Duns Escoto, a criação do universo pertence à ordem do amor e da bondade de Deus e tem como finalidade última a manifestação do seu eterno Filho, encarnado na pessoa humana de Jesus Cristo.

A tese da criação em vista da encarnação do Filho de Deus, defendida especialmente por Duns Escoto, atesta a grandíssima dignidade do ser humano no plano do Pai e no universo criado. Por isso, será importante delinear alguns aspectos da antropologia franciscana, como a concepção do homem criado à imagem e semelhança de Deus, a unidade corpo-alma-espírito, a essência da liberdade humana e a compreensão do ser humano como pessoa. A categoria "relação" é essencialmente constitutiva do ser humano enquanto "pessoa". E, sem dúvida, a antropologia relacional franciscana tem também suas implicações na concepção franciscana de educação. Afinal, educar franciscanamente não é apenas um método de transmissão de informações, mas uma plataforma fundamental e privilegiada para formar pessoas íntegras e integrais. Assim, com a proposta franciscana de educação, visa-se construir uma nova civilização de amor, fraternidade e paz.

Na experiência e pensamento franciscano, o exercício da autoridade é compreendido à luz da fraternidade e a serviço das necessidades de cada membro da comunidade. Sob o Sol de Assis e de Jesus Cristo, o Bom Pastor que veio ao mundo não para ser servido, mas para servir, o poder é poder-serviço. No entanto, mormente, constata-se que o exercício da liderança é compreendido de maneira egocêntrica, piramidal e autoritária. Por isso, é importante salientar que, na visão franciscana, liderar é ser, antes de tudo, uma pessoa servidora, que inspira, instiga e estimula aos liderados a fazer o que é necessário, não por dever, mas por amor.

Ademais, salta-nos aos olhos que vivemos numa situação generalizada de crise de fundamentos éticos e de rumos. As crises ética, social e ecológica, provocadas, sobretudo, pelo individualismo exacerbado do ser humano e potencializadas pela pandemia de Covid-19, geram um mal-estar generalizado na atualidade. Esse desconforto exige a superação imediata dessas crises mediante uma nova concepção antropológica e um novo *ethos*: a ética franciscana da fraternidade universal.

Por fim, ainda no conjunto de considerações iniciais, queremos enfatizar que nas reflexões que seguem sobre a *experiência e pensamento franciscano – aurora de uma nova civilização*, não temos a pretensão de ser originais e muito menos exaustivos. Temos como ponto de partida delinear aspectos fundamentais de temas filosóficos, teológicos, antropológicos, pedagógicos e éticos de mestres da Escola Franciscana, com o intuito de reavivar e intensificar no coração dos leitores o ardente desejo de também percorrer o Itinerário franciscano para a fraternidade humana e cósmica. Enfim, nosso propósito fundamental é estudar, empaticamente, questões da experiência ontológico-espiritual de pensadores franciscanos e demonstrar a relevância atual e profética dessa experiência-pensamento na construção e realização do sonho de uma nova civilização.

I
Experiência originária e pensamento franciscano

O pensamento franciscano é originariamente experiência de encontro de São Francisco de Assis e de seus primeiros seguidores com a pessoa de Jesus Cristo. A seiva originária e o coração da experiência e pensamento franciscano são a escuta obediencial do Evangelho de Jesus Cristo. Neste primeiro capítulo, temos por objetivo delinear a experiência originária do pensamento franciscano e explicitar a relação afetuosa de Francisco com todas as criaturas, expressa no *Cântico das Criaturas*.

1 Experiência e pensamento franciscano

O pensamento dos mestres da Escola Franciscana, como Alexandre de Hales, São Boaventura de Bagnoregio, Rogério Bacon, João Duns Escoto, Guilherme de Ockham, entre outros, articulou-se a partir de uma experiência prévia de São Francisco e seus primeiros companheiros, em seguir Jesus Cristo, pobre, humilde e crucificado. A origem e o coração da vida e pensamento franciscano são a experiência de encontro de Francisco com o Senhor e Servo Jesus Cristo, que os pensadores franciscanos procuraram traduzir por meio de conceitos. De modo que aos conceitos subjaz uma experiência, que é também a condição de inteligibilidade deles. Nesse sentido, reitera Antônio Merino (1999, p. 63):

> O pensamento franciscano procura ser a expressão mental inteligível da forma da existência pessoal e comunitária que é a estrutura condicionante do conteúdo deste pensamento e a condição de inteligibilidade da própria linguagem na qual se expressa.

O pensamento é "franciscano" porque brota especialmente da vida e da experiência de encontro de Francisco de Assis com a pessoa de Jesus Cristo, de modo que ele, *in persona*, é a forma de vida franciscana e "os seus Escritos, suas Regras, as vertentes da mesma e única fonte da qual jorra sempre e de novo a água viva do franciscanismo" (FASSINI, 2005, p. 21). Em suma, a seiva da experiência e pensamento franciscano é o encontro pessoal de Francisco com o Crucificado no percurso de sua existência.

Portanto, no início do franciscanismo, como também no início do ser cristão, não temos uma grande ideia, mas uma experiência de encontro com uma pessoa, Jesus Cristo, que ultrapassou a palavra dita e escrita e transcendeu todos os tempos e lugares. Observa Merino (1999, p. 34-35) que

> o suporte mais sólido do pensamento franciscano é o Evangelho, o cristianismo, a doutrina revelada, aceite pela fé como verdade iluminante e vivida como mensagem de salvação. Outro suporte importante é a vida em fraternidade, o estilo de convivência na família religiosa e a visão peculiar do mundo, do homem, de Deus e da vida.

Enfim, experiência e pensamento franciscano são um estilo de vida, uma forma peculiar de ser, de pensar e de se relacionar com todos os seres do universo, com base no Evangelho de Jesus Cristo, aprovado oficialmente pela Igreja Católica mediante São Francisco de Assis.

2 A conversão de São Francisco ao Evangelho

Francisco de Assis nasceu em Assis, no vale de Espoleto, região da Úmbria, em 1181/1182. Ao ser batizado, recebeu o nome de Giovanni. Mais tarde, seu pai, Pedro Bernardone, deu-lhe o nome de Francisco, talvez em homenagem à França. Seu pai era um ambicioso comerciante de tecidos em Assis e se abastecia nas feiras do norte da França. Sua mãe, Dona Pica, era de extraordinária fineza e delicadeza, do sul da França.

São Francisco teve três experiências que marcaram profundamente o seu itinerário existencial. O primeiro acontecimento, que contribuiu decisivamente para sua conversão, foi a sua oração, na igrejinha velha e abandonada de São Damião, diante de um ícone de Jesus Cristo Crucificado. Deteve-se ante a face do Crucificado e sentiu-se ternamente fixado pelo olhar d'Ele e intimamente tocado pela sua voz, que dizia: "Francisco, vai e restaura minha casa que, como vês, está toda destruída" (LM, 2, 1). São Boaventura (LM 2, 1) assim relata esse acontecimento:

> Num certo dia, saindo a meditar no campo, ao andar perto da igreja de São Damião, que devido à excessiva velhice ameaçava ruir, e como [...] tivesse entrado nela para rezar, prostrado diante da imagem do Crucificado, enquanto rezava, [...] Ouviu com seus ouvidos corporais uma voz vinda da própria cruz que dizia por três vezes: "Francisco, vai e restaura minha casa que, como vês, está toda destruída!" Francisco, a tremer, como estivesse sozinho na igreja, [...] fica fora de si, entrando em êxtase. Voltando finalmente a si, prepara-se para obedecer.

Francisco imediatamente recolheu todas as forças necessárias para obedecer ao mandato de restaurar a Igreja material. No entanto, ele descobriu, aos poucos, que não se tratava de reconstruir uma igreja material, mas de restaurar a Igreja viva dos seguidores de Jesus

Cristo; tratava-se de reconstruir o ser humano e a sociedade do seu tempo à luz dos valores do Evangelho. Enfim, Francisco descobriu que, reconstruindo o homem, reconstruiria também o mundo.

A segunda experiência relevante foi seu encontro com os pobres, mendigos e, sobretudo, leprosos, todos excluídos da sociedade. Não era fácil aproximar-se de um leproso e tocá-lo. No entanto, Francisco aproximou-se de um deles, abraçou-o e beijou-o. Como escreve em seu *Testamento*, "o próprio Senhor me conduziu entre eles (os leprosos), e fiz misericórdia com eles"; foi então que "aquilo que me parecia amargo se me converteu em doçura de alma e de corpo; e depois, demorei só um pouco e saí do mundo" (Test 1-3).

Finalmente, ocorreu-lhe a terceira experiência, agora na igrejinha por ele restaurada, de Nossa Senhora dos Anjos, em Assis. Ali, segundo o biógrafo Tomás de Celano, Francisco escutou o Evangelho no qual Jesus envia os discípulos em missão para pregar o Reino de Deus. Essa missão deveria ser cumprida em despojamento e entrega total (Mt 10), e concluiu: "É isso que eu quero, é isso que eu procuro. É isso que desejo fazer do íntimo do coração" (1Cel 22, 3). Portanto, Francisco ouviu e prontamente obedeceu à Palavra de Deus.

Essas três experiências contribuíram decisivamente para uma mudança radical na vida de Francisco e são a seiva da vida e pensamento franciscano. O coração de sua vida deixou de ser o seu próprio "eu" e passou a ser Jesus Cristo. Desde então, por um precioso dom de Deus (Test 1), não quis mais gloriar-se "a não ser na cruz de Nosso Senhor Jesus Cristo" (Gl 6,14). O Pobre de Assis centrou sua existência na Cruz de Jesus Cristo, porque ser um seguidor d'Ele significa morrer e renascer sempre de novo com Ele na Cruz e deixar-se possuir cada vez mais pelo seu Espírito de amor, humildade, bondade, respeito, misericórdia e compaixão. Seguir Jesus Cristo significa unir-se a Ele, e quanto mais nos unimos a Jesus Cristo, tanto mais Ele nos faz sair de nós mesmos, nos descentraliza e abre-nos aos outros. Na experiência cristã de São Boaventura, o ardentíssimo amor à Cruz de Jesus Cristo é caminho privilegiado para Deus:

> O caminho que nos conduz a Deus não é outro, senão o amor ardentíssimo a Cristo crucificado. Foi este amor ardente que, após ter arrebatado São Paulo "até ao terceiro céu" (2Cor 12,2), transformou-o de tal modo em Cristo, que o fez exclamar: "Estou crucificado com Cristo. E já não vivo eu – é Cristo que vive em mim." (Gl 2,19-20). Esse amor penetrou também tão vivamente a alma de São Francisco, que seus sinais se manifestaram no corpo, dois anos antes de sua morte, com os estigmas sacratíssimos da Paixão (Itin prol, 3).

Francisco quis sentir na sua alma e no seu corpo as dores suportadas por Jesus Cristo na Cruz, bem como sentir no seu coração o amor que o inflamou para suportar tal paixão. Por isso, a sua experiência de encontro com Jesus Cristo na cruz de São Damião atingiu o seu ápice no Monte Alverne, em setembro de 1224, quando teve a visão de um Serafim alado pregado à Cruz, que lhe imprimiu no corpo as chagas de Jesus Cristo. Tomás de Celano atesta isso dizendo que "o venerável pai foi marcado em cinco partes do corpo com o sinal da paixão e da cruz, como se tivesse pendido na cruz com o Filho de Deus" (1Cel 90, 7; LM 13, 3).

3 São Francisco, o inspirador de novas ordens religiosas

Francisco de Assis, pela sua coerência de vida com o Evangelho de Jesus Cristo e pelo fascínio de seu carisma, atraiu para sua forma de vida pessoas simples, camponeses e citadinos, clérigos e leigos, cavalheiros bem-sucedidos, letrados e iletrados (MERLO, 2005). O número dos seus seguidores cresceu e se diversificou muito, por isso, a pedido de autoridades da Igreja, escreveu a *Regra e vida* da

Ordem dos Frades Menores, oficialmente aprovada pelo Papa Honório III, no dia 29 de novembro de 1223 (MERLO, 2005).

Conforme o Senhor lhe havia inspirado, Francisco começou a *Regra e vida* dos Frades Menores com as palavras: "Em nome do Senhor!" (RB 1, 1). Com isso, quer dizer que a regra e vida franciscana não têm início nele mesmo, mas no Senhor. O Senhor o chamou a "observar o santo Evangelho de Nosso Senhor Jesus Cristo" (RB, 1, 2). As palavras do Evangelho, colocadas em prática, dão vida, de modo que a Regra (o Evangelho) é a vida dos franciscanos. Assim, Francisco não é, propriamente, o autor da forma de vida franciscana, se por autor entendemos aquele que cria, inventa, e dá origem à Vida e à Regra. Fassini (2005, p. 48) explica que, "nesse sentido, o autor é o Espírito do Senhor, e Francisco aquele que, mediante longa caminhada, apenas capta, escreve e redige aquilo que o Espírito e a obra do Senhor lhe inspiram ou revelam".

Algumas características tornaram-se marcantes para Francisco e seus primeiros seguidores, sendo uma delas a liberdade em relação aos bens materiais. Francisco e seu grupo não os possuíam; viviam sem nada de próprio. Ademais, Francisco quis que todos os seus seguidores, na Ordem, fossem denominados Irmãos Menores: "E ninguém se denomine prior, mas todos, sem exceção, sejam chamados de irmãos menores (*Minores fratres*). E um lave os pés do outro (cf. Jo 13,14)" (RnB 6, 3).

Dentre os seguidores mais próximos de Francisco de Assis, destaca-se Santa Clara de Assis, que, sob sua inspiração, também encontrou o sentido fundamental de sua existência na pessoa de Jesus Cristo, o Filho de Deus, que incondicionalmente assumiu a condição humana na forma de Servo, até a morte na Cruz. O mistério da encarnação (*kenosis*) do Filho de Deus, tal qual aconteceu, em pobreza e humildade, está na raiz da espiritualidade de Santa Clara. Sua opção fundamental de vida foi, portanto, por seguir Jesus Cristo pobre (MERLO, 2005). Ela incansavelmente agradecia a Deus pelo precioso dom da sua existência e pelo privilégio de ser chamada e agraciada por Ele a viver na mais radical pobreza.

A essência da forma de vida de Santa Clara e de suas Irmãs é, antes de qualquer outra coisa, amar uma pessoa, Jesus Cristo, como resposta ao Seu amor. Santa Clara, no íntimo do seu coração, deixou-se simplesmente enlevar pelo amor do Amado e, por isso, todo o seu afeto, amor e caridade para com as Irmãs (LSC 38), pobres e doentes eram manifestações concretas de sua relação amorosa com Jesus Cristo.

Clara de Assis foi, portanto, fiel seguidora de Francisco, que não desejava ser líder de algum movimento. Era sua forma de vida que atraía e fascinava quem queria formar grupo com ele. Assim, surgiram mais três Ordens Franciscanas: a Ordem dos Frades Menores Conventuais (OFMConv), a Ordem dos Frades Menores Capuchinhos (OFMCap) e a Ordem Franciscana Secular (OFS), esta composta por leigos e leigas casados que procuram viver o carisma franciscano em seu estado de vida (MERLO, 2005).

Éloi Leclerc, em sua magnífica obra *O sol nasce em Assis*, refere-se a São Francisco como um daqueles homens que, apesar de toda a desumanidade existente no mundo, não nos deixa desesperar do ser humano. No período em que esteve preso no campo de concentração, encontrou nele, isto é, no espírito de Francisco de Assis, uma luz da qual precisamos atrozmente:

> Aquele homem fez surgir no meu coração o Sol, e com o Sol toda a criação. Foi para ele que me voltei. Foi a ele que eu pedi o segredo de uma verdadeira fraternidade humana. Pouco a pouco, além das grandes aflições e das tragédias deste mundo, Francisco abriu minha alma para a harmonia profunda das coisas e de tudo o que vive. Num universo desencantado, ele foi para mim o encantador. Mostrou-me o caminho de uma verdadei-

ra humanidade, corrigindo o que o nosso humanismo dos direitos humanos tem de limitado e mesmo de ambíguo e perigoso. Parece-me que, se a humanidade um dia encontrar a alegre esperança e o sentido da caminhada para sua realização, será na direção inaugurada pelo Pobre de Assis (LECLERC, 2000, p. 9-10).

Enfim, para além das tragédias, aflições e desafios da civilização da mercantilização de tudo, inclusive das pessoas, Francisco mostra-nos o caminho de uma verdadeira fraternidade universal. Ele é o Sol que nasce na aurora de uma nova civilização; é homem universal, isto é, não está circunscrito à religião católica, porque se tornou um grande arquétipo do ser humano pleno. Por isso, outrora, como agora, a postura de Francisco é questionadora, iluminadora e fascinante na construção de outro mundo possível, inspirado em seu perfil humano e espiritual.

4 Perfil humano e espiritual de São Francisco

Para aprofundar e ampliar nossa reflexão sobre a experiência-pensamento franciscano, exibimos, inicialmente, a descrição que faz o biógrafo Tomás de Celano (1Cel 29, 83) do perfil humano e espiritual de Francisco:

> Tinha maneiras simples, era sereno por natureza e de trato amável, muito oportuno quando dava conselhos, sempre fiel às suas obrigações, prudente nos julgamentos, eficiente no trabalho, em tudo cheio de elegância. Sereno na inteligência, delicado, sóbrio, contemplativo, constante na oração e fervoroso em todas as coisas. Firme nas resoluções, equilibrado, perseverante e sempre o mesmo. Rápido para perdoar e demorado para se irar, tinha a inteligência pronta, uma memória luminosa, era sutil ao falar, sério em suas ações e sempre simples. Era rigoroso consigo mesmo, paciente

com os outros, discreto com todos. [...] E como era muito humilde, mostrava toda a mansidão para com todas as pessoas, adaptando-se a todos com facilidade. Embora fosse o mais santo de todos, sabia estar com os pecadores, como se fosse um deles.

O biógrafo apresenta Francisco como homem simples, sereno, dedicado, inteligente, perseverante, contemplativo, rigoroso consigo mesmo, paciente, humilde, discreto, misericordioso etc. Narram também outros biógrafos que o sonho de seu pai (rico comerciante de roupas) era torná-lo herdeiro de seus negócios; porém, aos poucos, descobriu que não serviria para seguir a carreira de negociante. A burguesia, retratada na figura de seu pai, não o atraía. Por isso, depois de um período de profundas inquietações existenciais, Francisco descobriu o sentido de sua existência na vivência radical do Evangelho de Jesus Cristo.

Em seu *Testamento*, o próprio Francisco diz que foi o Senhor que lhe inspirou a iniciar uma vida de penitência, ou seja, viver segundo a forma de vida do Evangelho. Jamais antes e depois dele assistimos no Ocidente a um tão apaixonado amor a Cristo, a ponto de tentar imitá-lo nos mínimos pormenores, na letra e no espírito. Trazia o amado Jesus no coração, na boca, nos ouvidos, nos olhos, nas mãos, nos sentimentos, nos pensamentos e em todos os membros (1Cel 115, 5).

Ora, com base nas biografias e nos próprios escritos de São Francisco, passaremos a descrever mais detalhadamente algumas características do seu modo de ser e pensar, isto é, do seu perfil humano e espiritual.

4.1 Pobreza e liberdade

Francisco viveu radicalmente a pobreza. No entanto, não tinha a compreensão capitalista de pobreza, na qual a referência é o ter.

Nessa concepção, pobre é aquele que não tem e rico é aquele que possui muitos bens materiais. Esse conceito de pobreza, causada pela distribuição desigual de recursos econômicos (emprego, salário, bens materiais) e sociais (saúde, educação, transporte, moradia), não é uma virtude desejável, mas um mal a ser combatido e erradicado da sociedade.

Na Comunidade Primitiva de Jerusalém temos um modelo de pobreza como distribuição dos bens conforme a necessidade de cada um: "Todos que tinham fé viviam unidos, tendo todos os bens em comum. Vendiam as propriedades e os bens e dividiam com todos, segundo a necessidade de cada um" (At 2,44-45). Entretanto, a forma de pobreza de Francisco de Assis ultrapassava os aspectos econômicos (não propriedade individual e partilha comunitária), mas sem os dispensar. Para ele, a pobreza decorria da opção de seguir Jesus Cristo: "Se alguém quiser ser meu discípulo, negue-se a si mesmo, tome a sua cruz e siga-me" (Mt 16,24). Em seu entendimento, Cristo, Aquele que, sendo rico, por nós se fez pobre (2Cor 8,9), é o modelo de pobreza. Por isso, Francisco não se aquietou enquanto não se viu estigmatizado, nu e deitado na terra, como Cristo ao ser pregado na Cruz.

Na *Regra*, o Pobre de Assis ressalta o princípio fundamental da "não apropriação": "Os irmãos não se apropriem de nada, nem de casa, nem de lugar, nem de coisa alguma" (RB 6, 2). A não apropriação (*sine proprio*) não é o mesmo que "não uso" das coisas; ela vai além do não possuir alguma coisa e do uso moderado das coisas necessárias (CROCOLI; SUSIN, 2013). A "não apropriação", na experiência de Francisco, remete à *kenosis* de Jesus Cristo, conforme a descreve São Paulo na Carta aos Filipenses:

> Ele, subsistindo na condição de Deus, não pretendeu reter para si ser igual a Deus. Mas aniquilando-se a si mesmo, assumindo a condição de servo por solidarismo com

os homens. E, apresentando-se como simples homem, humilhou-se, feito obediente até a morte, até a morte de cruz. Pelo que também Deus o exaltou e lhe deu o Nome que está sobre todo nome. Para que ao nome de Jesus se dobre todo joelho de quantos há no céu, na terra, nos abismos. E toda língua confesse que Jesus Cristo é o Senhor, para a glória de Deus Pai (Fl 2,5-11).

Assim sendo, a pobreza, voluntariamente desejada por Francisco, implica o desapego total dos bens deste mundo e, assim, entra na dinâmica de doação divina. Isso quer dizer que a pobreza franciscana não decorre de uma visão negativa da matéria, criada por Deus. Já Santo Agostinho chamara atenção para a nossa relação de apego ou desapego com os bens deste mundo, que, em si, são bons.

> Crês que seria preciso condenar o ouro e a prata por causa dos avarentos; ou o vinho por causa dos que se embriagam; ou o encanto das mulheres por causa dos libertinos e dos adúlteros, e assim em relação a tudo mais? Especialmente quando podes ver um médico fazer bom uso do fogo e um envenenador, uso criminoso até do pão? (AGOSTINHO, 1995, p. 67).

Todas as coisas, em si, são boas, são doações de Deus. Por isso, diz-se que o mal não vem de fora, mas de dentro, ou seja, do uso equivocado das coisas. Para que nossa relação com as coisas seja "reta e honesta" é fundamental o desapego do próprio ego. Quem pensa ter renunciado a tudo para seguir o Senhor, mas reserva dentro de si a vontade própria, está sonegando a Ele o que tem de mais precioso. Observa Azevedo (2003, p. 115) que "apropriar-se da sua vontade, subtraindo-a ao domínio de Deus, independentizando-a, fazendo dela critério do bem e do mal, é para Francisco o verdadeiro pecado original". Tudo é de Deus, tudo que somos e temos é dom de Deus. Ser pobre é, portanto, vivenciar concretamente essa umbilical dependência de Deus.

O bispo Guido, conselheiro confidente de Francisco e seus companheiros, certa vez manifestou preocupações com a vida deles, a saber, "a de nada possuir no mundo". A isso, Francisco respondeu:

> Senhor, se tivermos qualquer propriedade, ser-nos-ão necessárias armas para nossa proteção. Pois daí se originam questões e muitas desavenças, e a partir disso costuma ser estorvado, de muitas maneiras, o amor a Deus e ao próximo (AP 3, 17).

Então, Francisco renuncia a posse de bens transitórios, porque entendia que lhe tirava a liberdade de amar a Deus e ao próximo. Na verdade, ele queria ser como as aves do céu, livres para voar com total liberdade. Com efeito, a pobreza de Francisco, mais do que privar-se de bens materiais, é liberdade exterior e interior, é condição de possibilidade de amar. Quanto mais o ser humano se entrega, mais livre ele se faz e mais tem em humanidade, diferentemente da lógica do ter, na qual, quanto mais o homem se dá, menos ele tem.

Para o Pobre de Assis, ser pobre é estar aberto para ter um contato de coração a coração, de olho a olho, de mente a mente com os outros. Pobreza é disponibilidade plena para acolher a alteridade tal como ela é. Diante disso, de acordo com Leclerc (2000, p. 61), a pobreza, livremente buscada, é caminho para viver em comunhão com todas as pessoas:

> A pobreza evangélica era vivida menos como um exercício ascético do que como um mistério de comunhão. Renunciando a possuir, renunciava-se a elevar-se acima dos outros para estar com, para viver em comunhão com todas as pessoas, a exemplo do altíssimo filho de Deus, que se despojou de sua soberania para estar com os mais humildes e os mais desprovidos.

Portanto, o Pobre de Assis, imitando a *kenosis* (desprendimento) de Jesus Cristo, abandonou toda a pretensão de domínio utilitarista sobre as pessoas e a natureza. Francisco vê o universo das criaturas livremente, com entranhas de amor e compaixão. Ele inspira uma presença totalmente nova ao mundo, porque

> vê o mundo de outra maneira. Ele o descobre inteiramente à luz daquele amor inaudito que se manifestou a ele: o altíssimo Filho de Deus despojou-se de toda a sua glória para fazer-se um de nós, o irmão de todos, mesmo dos excluídos (LECLERC, 2000, p. 57).

Por fim, destacamos que, quando Deus considerou acabada a obra da criação, "viu tudo quanto havia feito e achou que estava muito bom" (Gn 1,21). Deus viu que havia feito muito bem todas as criaturas. Contudo, entre as criaturas, privilegiou o ser humano com a graça da pobreza-liberdade para que também pudesse amar e cuidar das obras criadas. O amor supõe liberdade, pois é entrega livre e livre-acolhida do outro, que retribui com liberdade, conservando a sua irrepetível singularidade. O ser humano vem à plenitude de si mesmo à medida que sai de si, doa-se ao outro e se reencontra na plena recepção do outro em si. Enfim, à medida que o ser humano "perde-se" na lógica sem lógica do amor, assemelha--se ao Filho de Deus encarnado em Jesus Cristo, por quem e para quem tudo foi criado.

4.2 A sublime humildade

Francisco viveu radicalmente a pobreza e, intimamente relacionada a ela, está a humildade, a mais importante virtude do ser humano. Humildade vem do latim *humus*, que significa "terra", "filho da terra"; significa a coragem de descer para a própria condição finita e mortal do ser humano, é aceitar a realidade de que somos constituídos a partir da terra. Quem recusa ou não aceita essa condição do ser humano e quer ser todo-poderoso e imortal como Deus comete o pecado da soberba.

Para Santo Agostinho, o pecado original consiste precisamente na pretensão de "ser como Deus". Adão, na busca de autonomia, compreendida como independência e poder absoluto, usurpou o ser de Deus, que não lhe pertencia por natureza. Sendo homem, Adão não se contentou com aquilo que lhe era próprio e, por isso, pretendeu ocupar o lugar de Deus (VARGAS, 2014). Por conseguinte, a raiz ou a cabeça de todos os pecados (pecado original) é a soberba e a cura desta se dá, segundo Agostinho, na pessoa de Jesus Cristo. Ele, assumindo humildemente a natureza humana, libertou-nos de tudo aquilo que desperta, no homem, o desejo de posse e o medo de perder. Enfim, na visão de Santo Agostinho, o pecado original do homem é a soberba e, para combatê-la, o Verbo de Deus se encarnou, tendo como principal característica a humildade:

> Devido a este vício, este grande pecado da soberba, Deus veio humilde. Esta causa, este grande pecado, grave doença das almas, trouxe do céu o médico onipotente; na forma de servo, Ele humilhou-se, sofreu injúrias, foi suspenso no madeiro, para que, pela força de um remédio tão eficaz, curasse esse tumor (VARGAS, 2014, p. 62).

A humildade é o fundamento da vida cristã, cujo ponto mais elevado é a caridade. Nisso somos reconhecidos como discípulos de Jesus Cristo. São Francisco, ao contemplar a humildade Daquele que totalmente se nos dá na Eucaristia, interpelou aos seus irmãos:

> Vede, irmãos, a humildade de Deus e derramai diante dele os vossos corações; humilhai-vos também vós para serdes exaltados por Ele. Portanto, nada de vós re-

tenhais para vós, a fim de que totalmente vos receba aquele que totalmente se vos oferece (Ord 28-29).

Enfim, o Pobre de Assis é mestre de sabedoria porque percorreu o caminho da humildade de Jesus Cristo. Nada reteve para si mesmo para que pudesse ser totalmente acolhido pelo Pai. O mistério fascinante de Deus se revela na humildade sapiencial: "Eu te louvo, Pai, Senhor do céu e da terra, porque ocultaste estas coisas aos sábios e entendidos e as revelaste aos pequeninos" (Mt 11,25).

4.3 Atitude de amor, cuidado e serviço

Francisco de Assis, no seguimento de Jesus Cristo, fez-se servo de todos os irmãos e irmãs e exortou-lhes para que tivessem a mesma diligência:

> E onde estão e onde quer que se encontrarem os irmãos, mostrem-se mutuamente familiares entre si. E com confiança um manifeste ao outro a sua necessidade, porque, se a mãe nutre e ama a seu filho (cf. 1Ts 2,7) carnal, quanto mais diligentemente não deve cada um amar e nutrir a seu irmão espiritual? E se algum deles cair enfermo, os outros irmãos devem servi-lo como gostariam de ser servidos (cf. Mt 7,12) (RB 6, 8-10).

Francisco pede aos irmãos que cuidem uns dos outros, diligentemente, ou seja, como uma mãe ama e nutre seu filho. Além disso, pede-lhes que tenham humildade e confiança em manifestar um ao outro a sua necessidade, podendo, assim, se ajudar mutuamente. Para Francisco, todas as pessoas deveriam ter essa atitude de amor, cuidado e serviço diante do próximo, dos animais e da natureza.

O propósito essencial de cada ser humano é amar, cuidar, servir às pessoas. Ao falar de amor, nos referimos ao sentido verdadeiro da palavra e não ao amor condicionado pelos desejos e caprichos do ego. Quem ama verdadeiramente cuida e não há cuidado sem amor. O cuidado implica uma relação afetuosa para com as pessoas e a natureza. Quem ama oferece a mão estendida para se entrelaçar com outras mãos, para cuidar e afetuosamente abraçar e proteger a vida. É urgente cuidar de todas as coisas, desde o nosso corpo, a nossa psiquê, o nosso espírito, os outros, o lixo de nossas casas, as águas, as florestas, os solos e os animais. O mundo seria um lugar melhor se todos cuidassem mais uns dos outros. O cuidado pertence à essência do ser humano. Observa Mortari (2018, p. 8) que, "desde o nascimento até o momento final da vida, o ser humano, enquanto existente, encontrasse na condição de dever ocupar-se de si, dos outros e das coisas".

Jesus Cristo veio ao mundo simplesmente com o propósito de amar e cuidar (servir) desinteressadamente a todos: "Não vim ao mundo para ser servido, mas para servir" (Mt 20,28). Destarte, certo dia os discípulos discutiram uns com os outros sobre quem dentre eles seria o maior; então, Jesus chamou os Doze e disse-lhes: "Se alguém quiser ser o primeiro, seja o último de todos e o servo de todos" (Mc 9,35). Ser o último significa ser o servo de todos; de fato, a humildade proclamada por Jesus é serviço. A palavra de Jesus: "Aprendei de mim que sou humilde de coração" (Mt 11,29) é um convite a fazer-nos pequenos (servidores) por amor de Deus. Servir por amor de Deus significa servir com o amor que Deus tem por nós; servir significa amar ao modo de Deus.

Além disso, o Pobre de Assis entendia o trabalho como graça de Deus. Àqueles "a quem o Senhor deu a graça de trabalhar" trabalhem com boa vontade, humildade, simplicidade, amor e respeito a tudo e a todos, a exemplo de Jesus Cristo, que "veio ao mundo, não para ser servido, mas para servir" (Mt 20,28). O trabalho é serviço à comunidade e dignifica a pessoa:

> o trabalho é uma dimensão essencial da vida social, porque não é só um modo de ganhar o pão, mas também um meio para o crescimento pessoal, para estabelecer relações sadias, expressar a si mesmo, partilhar dons, sentir-se corresponsável no desenvolvimento do mundo e, finalmente, viver como povo (IGREJA CATÓLICA, 2020, 162, p. 86).

Enfim, o trabalho é um dom de Deus que, entre outras coisas, implica saúde mental e física, habilidades emocionais, capacidades, conhecimentos. David Azevedo (2003, p. 140-141) narra que um dia perguntaram a Almustafá: o que é trabalhar com amor? Ao que o profeta respondeu:

> Trabalhar com amor é tecer o pano com fios do coração como se o teu ser amado fosse usar essa peça de vestuário.
>
> É construir uma casa com esmero e carinho, como se o teu amado fosse habitar nessa casa.
>
> É espalhar as sementes com ternura e colher o trigo com alegria, como se o teu amado fosse comer esse pão.
>
> É impregnar tudo o que fazeis com o sopro do vosso espírito, e saber que todos os que já morreram estão junto de vós, felizes, presenciando o que estais fazendo.

Portanto, trabalhar é servir à comunidade, é colocar nossos dons a serviço do desenvolvimento da sociedade. Trabalhar é, antes de tudo, deixar-se impregnar pelo "espírito do Senhor e o seu santo modo de operar", e fazer todas as coisas "de todo o coração" (Cl 3,23).

4.4 A cortesia cavaleiresca

Francisco de Assis, de família burguesa do século XII, sonhava tornar-se um cavaleiro para pertencer à nobreza. Ele vivenciou plenamente o ideal da cavalaria na Idade Média, tanto que o comportamento da cortesia, atribuído aos nobres cavaleiros de seu tempo, foi um traço característico de sua vida. Francisco era um homem cordial, afetuoso, determinado e cortês. No entanto, na sua vida, a cortesia não era uma mecânica de hábitos refinados, mas uma atitude fundamental de vida de cuidar do próximo. Sua cortesia era um estilo de vida, caracterizado pelo respeito ao diferente, pela simpatia e empatia. Cortesia é relação de amor, cuidado e afeto para com todas as formas de vida existentes no planeta. Na *Legenda dos três companheiros* (LTC 1, 3), conta-se que

> Francisco era como que naturalmente cortês nos costumes e nas palavras, não dizendo a ninguém, de acordo com o propósito de seu coração, palavra injuriosa ou obscena; pelo contrário, como era jovem brincalhão e alegre, propôs jamais responder aos que lhe dissessem coisas vergonhosas. Por isso, sua fama se divulgou por quase toda a província, de modo que muitos que o conheciam diziam que ele seria algo de grande.

O homem de Assis pediu aos seus companheiros que recebessem "com cortesia quem quer que a eles se dirija, seja amigo ou inimigo, ladrão ou salteador" (IR 7,14). Não há que se ter em consideração se o outro merece ou não ser tratado com amabilidade, pois não se trata de uma lógica de interesses, mas de fineza e hospitalidade.

Convém ressaltar que a cortesia de Francisco nasceu de dentro, isto é, da experiência da cortesia de Deus. Deus é a fonte do amor cortês, porque dá o sol e a chuva aos bons e aos maus, aos justos e injustos, de modo que, no trato fino com o próximo e no cuidado para com todas as criaturas, Francisco reverenciava o próprio Deus. Ele ensinava sobre a cortesia a seus companheiros:

> Pois, a cortesia, irmão caríssimo, é uma das propriedades de Deus, que administra cortesmente o seu sol, e sua chuva e todas as coisas sobre os justos e os injustos.

A cortesia ordenada, de fato, é irmã da caridade, extingue o ódio e conserva o amor. E, porque reconheci neste bom homem tanta virtude divina, de bom grado eu o quereria como companheiro (AtF 61, 5).

Portanto, a cortesia é uma virtude divina e Francisco de Assis, homem cortês, interpelava a todos os irmãos que fossem gentis e finos, porque Deus age assim: "Sejam corteses, mansos, pacíficos, modestos, afáveis e humildes, tratando a todos honestamente, como convém" (RnB 3, 11).

4.5 *A perfeita alegria franciscana*

Todos os seres humanos querem ser felizes. Não há uma só pessoa que não queira e deseje, de todos os modos, viver uma vida feliz. Ninguém pode duvidar de que o desejo de felicidade é tão certo quanto a certeza de que um dia morreremos. A pergunta é: Por que nem todos alcançam a desejada felicidade? O que devemos fazer para viver uma vida feliz? O que é felicidade?

Em geral, entende-se a felicidade como resultado de uma conquista. Temos alegria quando conquistamos algo, como um bom emprego, casa própria, passar no vestibular, bons resultados nos trabalhos, salário, fama, poder, *status*, encontrar um amigo; enfim, poderíamos estender essa lista de momentos de alegrias, que dependem de algo externo para que ocorram.

Uma característica marcante da vida de Francisco era sua alegria. No entanto, a alegria do "irmão sempre alegre" não tem por base algo objetivamente conquistado. Francisco encontrou outra forma de alegria, uma alegria que não depende de fatores externos, ou seja, sua alegria não depende de circunstâncias efêmeras, mas nasce de sua interioridade mais íntima. Sabemos que Francisco de Assis quis ser pobre, livre, desprendido, desapegado de tudo; à medida que ele, voluntariamente, avançou nesse processo, encontrou a alegria livre de condicionamentos, a perfeita alegria.

A liberdade, o amor e o serviço desinteressado à comunidade foram fonte inesgotável da alegria de Francisco. Ele descobriu que ser feliz é amar e cuidar de cada pessoa, não pelo seu aspecto físico, pelas suas capacidades ou satisfações que nos pode dar, mas por amor a ela mesma. Ações de benevolência para com os outros trazem felicidade não só para eles, mas também para nós mesmos. Quanto mais a pessoa se esquecer de si mesma, dedicando-se a servir uma causa ou a amar e cuidar de outra pessoa, tanto mais humana e feliz será. Em outras palavras, a fonte da alegria que transborda no coração de Francisco é o modo de ser do Senhor-Servo Jesus Cristo. A alegria de Francisco de Assis nasce da experiência da gratuidade do encontro com a pessoa que mais nos ama, ou melhor, com o Amor que é o próprio Deus. O Papa explicita o fundamento da alegria do cristão logo no início de sua exortação sobre *A alegria do Evangelho* (IGREJA CATÓLICA, 2013, 1):

> A alegria do Evangelho enche o coração e a vida inteira daqueles que se encontram com Jesus. Todos os que se deixam salvar por Ele são libertados do pecado, da tristeza, do vazio interior, do isolamento. Com Jesus Cristo, renasce sem cessar a alegria.

Francisco era um homem sempre alegre, porque, também na dor, não perdia a alegria de amar, cuidar e servir, ou seja, sua alegria não se contrapunha à dor e ao sofrimento. Francisco, mesmo em momentos de grande dor, cego, doente e sentindo a proximidade da morte, "permanecia firme e alegre e cantava em seu coração cânticos (cf. Ef 5,18) de alegria para si e para Deus" (1Cel 93, 9, 261). Ele aprendera com o apóstolo São Paulo a não se alegrar "a não ser na cruz de nosso Senhor Jesus Cristo" (Gl 6,14).

Nas Fontes Franciscanas, especificamente em *Fioretti*, encontramos um belíssimo diálogo de Francisco com Frei Leão sobre o que chamou perfeita alegria. Francisco expõe ao irmão Leão que a perfeita alegria não consiste em fazer grandes obras, mas é um modo de ser e de "suportar" tudo, pacientemente, por amor à Cruz de Jesus Cristo. Francisco diz ao irmão que, se todos os seus irmãos fossem santos e vivessem de forma exemplar, nisso ainda não estaria a perfeita alegria. Se todos os seus irmãos soubessem todas as línguas e conhecessem toda a ciência, nisso não estaria a perfeita alegria. Onde está, então, a perfeita alegria? A perfeita alegria consiste em suportar pacientemente, por amor a Jesus Cristo, todas as adversidades e sofrimentos: "Se nós suportarmos todas estas coisas (trabalhos, injúrias, opróbrios e desprezos) pacientemente e com alegria, pensando nos sofrimentos de Cristo, as quais devemos suportar por seu amor [...] aí e nisso está a Perfeita Alegria" (Fior 2004, 8, 1503).

A palavra "paciência" vem do latim *pati*, que significa sofrer, aguentar, resistir, suportar situações desagradáveis sem perder a calma, o equilíbrio, o autocontrole. Paciência significa ter autodomínio quando não se pode controlar a maneira de agir das pessoas ou quando as coisas não acontecem como se quer. Ter paciência é ter autocontrole, resiliência, serenidade e liberdade de se autodeterminar e escolher até mesmo o modo de reagir em cada situação conflitante. Numa das *Admoestações* (Ad 13, 2-3), Francisco reflete sobre a necessidade de paciência e humildade nas tribulações:

> O servo de Deus não pode saber quanta paciência e humildade tem em si, enquanto está satisfeito consigo (mesmo). Mas, quando chegar o tempo em que os que deveriam satisfazê-lo lhe fazem o contrário, quanta paciência e humildade tiver nesse momento, tanta tem e não mais.

Parafraseando Francisco, a maior vitória que alguém pode conseguir é a vitória sobre si mesmo. Perfeita alegria é, então, superar o "eu" mesquinho e permitir que o "Eu" grande, nobre, magnânimo cresça e se fortaleça sempre mais. De acordo com o que escreve Fassini (2009, p. 130),

> compreendemos melhor o que seja o vencer-se a si mesmo quando observamos que existem em nós dois "eus". No dizer de São Paulo, os dois vivem antagonicamente: um que não faz o que ele, Paulo, quer; outro que faz o que ele, Paulo, não quer. Um "eu" mesquinho, pequeno, inferior, falso, nascido debaixo, vindo de nossos instintos e sentimentos subjetivos que sempre se levanta e se põe contra o grande "Eu", de letra maiúscula, verdadeiro, maior, cheio de nobreza, magnânimo e generoso, nascido da afeição ou do alto, como diz Jesus a Nicodemos. Esforçar-se e lutar para que esse segundo "Eu" cresça e se fortaleça sempre mais, eis o que significa vencer-se a si mesmo.

Enfim, Francisco de Assis encontrou o sentido fundamental de sua vida e a perfeita alegria de viver na Cruz da liberdade e do amor incondicional de Jesus Cristo. Ele descobriu que não bastava querer ser feliz, mas que devia querê-lo com a boa vontade de viver com retidão, no total desapego de tudo, no pleno domínio sobre si mesmo, na paciência, na serenidade e na total doação de si mesmo a Deus e ao próximo.

5 Relação afetuosa de Francisco com as criaturas

Primeiramente, consideramos que Francisco de Assis tinha uma experiência teocêntrica do universo, ou seja, via o universo a partir de Deus e pela óptica divina. Ele tinha consciência de que todos os seres do universo têm uma origem comum e essa fonte comum é Deus, de modo que Ele é o Pai de todas as criaturas. Por isso, a fraternidade humana e cósmica é o princípio fundamental da forma de vida franciscana.

São Boaventura revela que Francisco, como se tivesse voltado para um "estado de inocência original", via o universo com a sua inteligência em conformidade com a mente divina. À luz de Deus, a criação é comunicação, ressonância, vibração da Palavra de Deus. A criação é um livro esplêndido no qual Deus nos fala de Sua beleza e bondade. A criatura é, por assim dizer, palavra que sai da boca de Deus. Papa Francisco, na *Carta encíclica Laudato si'*, assim destaca a percepção franciscana das perfeições divinas por meio de Suas criaturas:

> São Francisco, fiel à Sagrada Escritura, propõe-nos reconhecer a natureza como um livro esplêndido onde Deus nos fala e transmite algo da sua beleza e bondade: "Partindo da grandeza e beleza das criaturas, pode-se chegar a ver, por analogia, o seu Criador" (Sb 13,5) e "as perfeições invisíveis de Deus – não somente seu poder eterno, mas também a sua eterna divindade – não percebidas pelo intelecto, através de suas obras, desde a criação do mundo" (Rm 1,20) (IGREJA CATÓLICA, 2015, 12, p. 12).

Francisco de Assis desejou, com todas as fibras do seu coração, amar a Deus acima de tudo e a todas as criaturas, porque são filhos e filhas de Deus, e de Deus Altíssimo são sinais. Cada criatura recebe o seu ser de Deus, que, movido unicamente pelo Seu poder, sabedoria e vontade, a cria e a mantém na existência pela íntima presença do Seu sopro (Espírito) criativo. O Pobre de Assis olhava, considerava e contemplava todos os seres do universo na radical dependência do sopro vivificador de Deus e, portanto, como dons d'Ele. Quem vê as criaturas como diferentes dádivas do autor e doador de todos os bens tem sempre motivos para agradecer. Francisco de Assis transbordava de gratidão, porque via o mundo como que pendendo de um fio de cabelo da misericórdia de Deus. Quem vê assim o real vive num mundo de dádivas, sente-se em tudo agraciado, tem sempre motivo para a gratidão. Saberá ser um eterno devedor daquele que é o autor de todos os bens e o doador de todas as dádivas (FERNANDES, 2007, p. 71).

Deus, o Sumo Bem, comunica-se essencialmente em cada criatura, porém sem reduzir-se ao que se vê ou a um ídolo (do grego *eidolon* = o que se vê). Cada criatura O acolhe e O manifesta dentro dos seus limites e possibilidades (mineral, vegetal, animal ou homem). Por isso, Francisco enchia-se de inefável gozo todas as vezes que olhava o sol, contemplava a lua e dirigia seu olhar para as estrelas e o firmamento. Ninguém pode imaginar a alegria transbordante do seu coração ao contemplar a beleza das flores e a variadíssima constituição de sua formosura, bem como a percepção da fragrância de seus aromas (1Cel 29, 81-82).

No opúsculo *Espelho da perfeição*, lê-se que Francisco "sentia-se arrastado para as criaturas com um singular e entranhado amor" (EP 113). Tinha tão entranhado amor pelas criaturas que estas o compreendiam e estabeleciam com ele uma relação de simpatia e fraternidade, uma vez "que as criaturas irracionais eram capazes de reconhecer o seu afeto para com elas e pressentir o seu carinho" (1Cel 21, 59).

Contudo, é importante ressaltar que foi a altíssima humildade de Francisco que lhe abriu a inteligência, os olhos, a boca e o coração e o fez sentir próximo e irmão de todas as criaturas. Eloi Leclerc (2000, p. 124) colocou em evidência a humildade que o transformou em irmão universal:

> Colocou-se [Francisco], com grande humildade, entre as criaturas. Próximo e irmão das mais humildes dentre elas. Fraternizou com a própria Terra, com seu húmus original,

com suas raízes obscuras. E eis que a "irmã nossa Mãe-Terra" abriu diante de seus olhos maravilhados um caminho de fraternidade sem limites, sem fronteiras. Uma fraternidade que abrangia toda a criação. O humilde Francisco tornou-se irmão do Sol, das estrelas, do vento, das nuvens, da água, do fogo e de tudo que vive. Pôs-se então a cantar seu deslumbramento. Tudo cantava nele.

Igualmente, reiteramos que o Papa Francisco, ao escrever a *Carta encíclica Fratelli tutti*, sobre a fraternidade e a amizade social, expressou o seu ardente desejo de fraternidade universal inspirando-se em Francisco de Assis:

> Desejo ardentemente que, neste tempo que nos cabe viver, reconhecendo a dignidade de cada pessoa humana, possamos fazer renascer, entre todos, um anseio mundial de fraternidade. Ninguém pode enfrentar a vida isoladamente [...]; precisamos de uma comunidade que nos apoie, que nos auxilie e dentro da qual nos ajudemos mutuamente a olhar em frente. Como é importante sonhar juntos! [...] Sozinho, corres o risco de ter miragens, vendo aquilo que não existe; é juntos que se constroem os sonhos. Sonhemos como uma única humanidade, como caminhantes da mesma carne humana, como filhos desta mesma terra que nos alberga a todos, cada qual com a riqueza da sua fé ou das suas convicções, cada qual com a própria voz, mas todos irmãos (IGREJA CATÓLICA, 2020a, 8, p. 14).

Dessa forma, o líder da Igreja Católica, expressa, portanto, o seu ardente desejo de uma nova civilização, na qual todas as características individuais não sejam anuladas, mas respeitadas, acolhidas e integradas. Afinal, nascemos para viver em comunidade e, por conseguinte, ninguém pode enfrentar os desafios da vida isoladamente. Precisamos nos ajudar mutuamente, precisamos sonhar juntos e unidos realizar o sonho de um humanismo solidário.

6 O *Cântico das Criaturas*

Cântico das Criaturas, também conhecido como *Cântico do Irmão Sol* (em latim, *Laudes criaturarum*), é a poesia que Francisco criou no fim da vida, provavelmente em 1224, dois anos antes de sua morte corporal. Nesse ano, já bastante enfraquecido pela doença e quase cego, passou por intensas experiências espirituais. Na solidão do Monte Alverne, viveu uma experiência mística que lhe deixou impressos no corpo os estigmas da paixão de Jesus Cristo, ou seja, sinais que atestam sua conformidade com a vida de Jesus Crucificado (1Cel 90, 7; LM 13, 3).

Foi, então, em 1224 que Francisco compôs o *Cântico das Criaturas*, que expressa o ápice de sua experiência espiritual de comunhão com Deus, consigo mesmo, com os seus semelhantes e com todos os seres da criação. Após um longo e ininterrupto esforço ascético de se despojar de tudo e de sair do seu ego fechado, o Pobre de Assis passou a se sentir espiritualmente irmanado a todos os seres do universo e convidou-os para juntos cantarem o hino de louvor ao Criador. Francisco, despojado de tudo, a exemplo do Filho de Deus encarnado, passou a ver e habitar o mundo como irmão de todos, à luz do amor inaudito de Deus Pai:

> Ele o descobre [o mundo] inteiramente à luz daquele amor inaudito que se manifestou a ele: o altíssimo Filho de Deus despojou-se de toda a sua glória para fazer-se um de nós, o irmão de todos, mesmo dos excluídos. O céu perdeu todos os seus orgulhos. Visão revolucionária que inspira a Francisco uma presença totalmente nova ao mundo. Para ele não se trata mais de elevar-se acima dos outros, de ofuscá-los e dominá-los, mas de estar com, de fraternizar com. Não é mais questão de conquistar o mundo, mas de acolher e de comungar com todos os seres e assim tornar-se, a exemplo de Cristo, o irmão de todos e, em primeiro lugar, dos mais humildes e pobres (LECLERC, 1999, p. 57).

Francisco inicia o *Cântico do Irmão Sol* dirigindo-se primeiramente ao Senhor:

> Altíssimo, onipotente, bom Senhor, teus são o louvor, a glória e a honra e toda bênção (cf. Ap 4,9.11). Somente a ti, ó Altíssimo, eles convêm, e homem algum é digno de mencionar-te. Louvado sejas, meu Senhor, com todas as tuas criaturas (cf. Tb 8,7) (Cnt 1-3).

O Pobre de Assis volta-se, antes de tudo, à fonte doadora de todos os bens. Somente a Ela todo o louvor, honra e glória. Ele é o Bem absoluto, que nenhum homem é capaz de mencionar. Por isso, devemos constantemente interrogar-nos se o Deus que nomeamos não é mera projeção de nós mesmos. Nessa perspectiva reitera Leclerc (1999, p. 55):

> O homem que pretende dizer o nome de Deus deve interrogar-se sobre esse Deus do qual diz o nome. Talvez descubra que esse Deus, na realidade, não é senão um outro nome do seu desejo, de sua vontade de posse ou de poder. Um outro nome de si mesmo.

Francisco, em comunhão com todas as criaturas, louva o Altíssimo, especialmente pela sua bondade. Regozija-se ao descobrir o quanto de bom e amável encontra-se em cada criatura. No dizer de Boaventura, Francisco "vislumbrava a bondade originária de Deus em cada uma das criaturas, e convidava-as delicadamente – como outro profeta Davi – a cantarem os louvores divinos" (LM 9, 1).

Francisco, "repleto do espírito de Deus, não cessava de glorificar, louvar e bendizer em todos os elementos e criaturas o Criador e governador de todas as coisas" (1Cel 29, 80). Em síntese, ele chama afetuosamente todas as criaturas com o doce nome de irmão(ã), e as convida a louvar o Senhor, como se fossem dotadas de inteligência:

> E quando [Francisco] encontrava grande quantidade de
> flores, de tal modo lhes pregava e as convidava ao louvor
> do Senhor, como se elas fossem dotadas de razão. Assim
> também, com sinceríssima pureza, admoestava ao amor
> divino e exortava a generoso louvor os trigais e vinhas,
> pedras e bosques e todas as coisas belas dos campos, as
> nascentes das fontes e todo o verde dos jardins, a terra e
> o fogo, o ar e o vento. Enfim, chamada todas as criaturas
> com o doce nome de irmão (1Cel 29, 81).

Mediante o exposto, "é com todas as criaturas, fraternizando com elas, que [Francisco] se propõe a louvar o Altíssimo e a estar em conexão com Ele" (LECLERC, 1999, p. 58). E, aqui, a palavra "criatura" tem significado filial. Isto é, as criaturas não são meros "recursos naturais", mas, antes, belos filhos e filhas de Deus. Em decorrência disso, "nas coisas belas contemplava Aquele que é sumamente belo" (LM 9, 1). Por isso, o *Cântico das Criaturas* é, em síntese, um louvor filial de toda a natureza ao Senhor, imensamente poderoso, sublime e bom: "altíssimo, onipotente e bom Senhor".

O líder da Igreja Católica, na *Carta encíclica Laudato si'*, refere-se ao *Cântico* nos seguintes termos:

> "*LAUDATO SI', mi' Signore* – Louvado sejas, meu Senhor", cantava São Francisco de Assis. Neste gracioso cântico, recordava-nos que a nossa casa comum se pode comparar ora a uma irmã, com quem partilhamos a existência, ora a uma boa mãe, que nos acolhe nos seus braços: "Louvado sejas, meu Senhor, pela nossa irmã, a mãe terra, que nos sustenta e governa e produz variados frutos com flores coloridas e verduras" (IGREJA CATÓLICA, 2015, 1, 3).

As criaturas pertencem ao Senhor, são "de Deus"; por isso, não podemos nos apropriar delas. Daí justifica-se o amor de Francisco pela pobreza. Apropriar-se de qualquer criatura seria querer usurpar o que pertence só ao bom Senhor. Isso seria uma profanação à qual Francisco se refere nas estrofes finais do *Cântico*, como "pecado mortal": "Ai dos que morrerem em pecado mortal" (Cnt 13).

Francisco acolhia e reverenciava a individualidade de cada criatura personificando-a. A todas, atribuía o qualificativo familiar de "irmão" ou "irmã": ao sol, à lua, às estrelas, ao vento, à agua, ao fogo, à terra e até mesmo à morte corporal. Francisco, no *Cântico*, destaca uma característica peculiar de cada criatura: o sol "é belo e radiante"; as estrelas são "claras, preciosas e belas"; a água é "útil, humilde, preciosa e casta"; o fogo é "jucundo, robusto e forte" etc. (NÚNEZ, 2016, p. 140-141).

Nos escritos dos pensadores franciscanos medievais não encontramos os termos "ecologia", "consciência ecológica". Contudo, podemos dizer que Francisco tinha uma visão global, holística do universo, ou uma paradigmática "consciência ecológica". Essa consciência é espiritual em sua essência. Observa Capra (2006, p. 17):

> O paradigma ecológico emergente é alicerçado pela ciência moderna, mas se acha enraizado numa percepção existencial que vai além do arcabouço científico, no rumo de sua consciência de íntima e sutil unidade de toda a vida e da interdependência de suas múltiplas manifestações e de seus ciclos de mudança e transformação. Em última análise, essa profunda consciência ecológica é espiritual!. Quando o conceito de espírito humano é entendido como o modo de consciência em que o indivíduo se sente ligado ao cosmo como um todo, fica claro que a percepção ecológica é espiritual em sua essência mais profunda, e então não é surpreendente o fato de que a nova visão da realidade esteja em harmonia com as concepções das tradições espirituais da humanidade.

Em síntese, o *Cântico do irmão sol* inaugura uma presença totalmente nova ao mundo, de estar com, de fraternizar com todas as criaturas. Essa nova presença ao mundo é aurora de uma civilização ecológica e espiritual. A percepção ecológica, de unidade na diversidade, é espiritual e, por isso, não é surpreendente que esteja em harmonia com as grandes tradições espirituais da humanidade. Karl Rahner (2004, p. 78), ao afirmar que "o cristão do futuro ou será místico ou não será cristão", talvez tenha acenado para a necessidade de uma percepção espiritual da realidade que transcende a todas as religiões.

II
Contemplação de Deus no *Itinerarium mentis in Deum*, de São Boaventura

Neste capítulo, nos detemos na experiência mística de um dos maiores expoentes da Escola Franciscana, São Boaventura de Bagnoregio. De suas obras, destacamos o *Itinerário da mente para Deus* (*Itinerarium mentis in Deum*). Mais do que uma obra literária, o *Itinerarium* é uma experiência de interiorização para o íntimo mais íntimo de nós mesmos; é caminhada de libertação até o total desprendimento de tudo para, na solidão do deserto, contemplar a presença e o retraimento de Deus nas e através das criaturas e, acima de todos os entes, como Ser e Sumo Bem.

1 Sobre a vida e escritos de Boaventura

Boaventura nasceu na pequena cidade de Bagnoregio, na Toscana, em 1217. Recebeu no batismo o nome do pai, o médico João de Fidanza. Sua mãe era Maria de Ritelli. Teve grave enfermidade na infância; ele mesmo relata que recobrou a saúde depois que sua mãe o levou a São Francisco e lhe pediu que orasse por Boaventura. O milagre da cura aconteceu e foi causa de imensa alegria e admiração: "Oh, boa ventura!" Por isso, ao entrar na Ordem Franciscana, recebeu o nome de Boaventura. Ele mesmo reconhece com imensa gratidão que Deus o salvou da morte por intermédio do Pobre de Assis:

Tenho uma dívida de gratidão para com meu Pai Francisco. Ainda me recordo perfeitamente que em minha infância fui salvo das garras da morte por sua intercessão e por seus méritos. Se agora me recusasse a cantar seus louvores, poderia ser acusado de ingratidão. Sei que Deus salvou-me a vida por intermédio dele, pois senti em mim o poder de sua prece (LM prol 3).

O menino frequentava o convento dos franciscanos e com os frades aprendeu a língua latina. O pai, sabedor das capacidades do filho para os estudos, enviou-o a Paris para cursar a Faculdade de Artes (Filosofia), de 1235 a 1242. Entre 1243 e 1248, estudou Teologia, tendo como mestre Alexandre de Hales, que pouco antes ingressara na Ordem Franciscana (DE BONI, 1999).

Boaventura, movido pelas vivências da infância e pelo exemplo do mestre, também ingressou na Ordem Franciscana, em 1243. De 1248 a 1250, foi professor de Teologia na Universidade de Sorbonne, em Paris, e escreveu *Comentários bíblicos*. De 1250 a 1254, como bacharel sentenciário, redigiu *Comentários aos quatro livros das sentenças de Pedro Lombardo*. Em 1254 atingiu o auge da carreira universitária ao receber o título de doutor (*magister*) em Teologia (DE BONI, 1999).

Em 1257, foi eleito ministro geral da Ordem Franciscana e interrompeu, em parte, sua atividade como professor. Foi o sétimo sucessor de São Francisco no governo da Ordem. Como superior--geral, dedicou-se à reorganização e/ou refundação da Ordem (retorno às origens), sem fechar-se aos novos apelos da Igreja e da sociedade. Por isso, em 1260, atento ao ideal primitivo e aos desafios dos novos tempos, atualizou as *Constituições gerais*, publicadas em 1239. As novas *Constituições* foram aprovadas no Capítulo Geral de Narbona, em 1260.

A pedido desse Capítulo Geral, escreveu uma nova legenda (biografia) de São Francisco, a *Legenda maior*, aprovada no Capítulo Geral de Pisa, em 1263. Além desse texto, Boaventura escreveu outros opúsculos místicos franciscanos: *Apologia dos pobres*; *Perfeição evangélica*; *Itinerário da mente para Deus*; *Cristo, único mestre de todos*; *Os três caminhos da vida espiritual*; *As seis asas do Serafim*; *O governo da alma*; *A árvore da vida*; e *A perfeição da vida*. Entre as obras de teologia, destacamos ainda: *Brevilóquio*; *Redução das ciências à teologia*; e *Sermões*.

Em 1273, foi nomeado bispo e cardeal, a fim de poder trabalhar na organização do Concílio de Lião e dele participar. Faleceu durante o Concílio, em 15 de julho de 1274. Foi oficialmente reconhecido pela Igreja como santo em 1482 e, em 1587, proclamado Doutor da Igreja.

2 A obra *Itinerarium mentis in Deum*

Em 1259, Boaventura foi para o Monte Alverne, um lugar de quietude, onde Francisco de Assis teve a visão de um Serafim com seis asas em forma de Crucificado, que lhe imprimiu no corpo os estigmas da paixão de Jesus Cristo. Foi meditando sobre essa experiência que Boaventura escreveu a obra *Itinerarium mentis in Deum*.

2.1 A existência humana como itinerarium

O termo "*itinerarium*" vem do latim *iter, itineris* e designa caminho, trajeto, viagem. Na Idade Média, "itinerários" eram os livros que continham as descrições dos lugares e das estradas que se deviam percorrer para chegar a santuários famosos e, sobretudo, ao sepulcro de Cristo na Terra Santa. Essa peregrinação à Terra Santa consistia numa busca de caráter espiritual; indicava um aperfeiçoamento interior, um processo de mudança radical de vida no seguimento de Jesus Cristo. De acordo com Pompei (1993), o *Itinerarium* não é apenas uma questão físico-geográfica de locomover-se de um lugar para outro. Trata-se de uma experiência mística, ou

47

seja, de uma viagem da existência humana para a mais alta união mística com Deus, alcançada por Francisco de Assis, no Monte Alverne (POMPEI, 1993).

O ser humano é essencialmente um peregrino, ou seja, está num contínuo vir a ser. Isso equivale a dizer que o ser humano não é uma coisa acabada e completa, mas um ser em contínuo devir, movido por uma energia que o impulsiona continuamente a ir além do modo no qual se encontra. O ser humano tem que procurar, continuamente, formas ulteriores de ser. O próprio do ser humano é sujeitar-se ao trabalho da contínua transcendência, conforme apregoa a filósofa italiana Luigina Mortari (2018, p. 19-20):

> O núcleo vivente que nós somos é um núcleo de potencialidades, as quais somente podem se realizar quando se ultrapassa aquilo que já existe e se permite uma abertura ao ulterior. Sujeitar-se à própria transcendência significa reconhecer que o próprio ser-aí é sempre algo que ainda precisa ser, que é chamado a tornar-se tudo aquilo que ainda não é, mas que pode ser.

De fato, cada ser humano ainda não possui o seu ser em plenitude. É necessário caminhar sempre até chegar à plena realização de suas potencialidades. Entretanto, é importante ressaltar que viver não é percorrer um caminho já dado; é caminhando que se vai, livremente, construindo o caminho. Assim, o homem não é um robô pré-programado, mas é responsável pelo que faz de sua existência.

Por conseguinte, na construção de sua existência, o ser humano não segue a dinâmica do espontâneo-natural, a exemplo das criaturas irracionais, como os animais e vegetais. Diferentemente destes, aos poucos precisa descobrir o sentido da vida, tomar nas próprias mãos o rumo de sua existência e moldar sua personalidade. E cada um faz o caminho a seu jeito, a partir de sua individualidade irrepetível. Ninguém pode viver nem morrer no lugar do outro.

O próprio Jesus Cristo referiu-se ao percurso de Sua existência como caminho: "Eu sou o Caminho" (Jo 14,6). É caminho o modo como Jesus se relacionava com Deus, o jeito como tratava os humildes, os poderosos, os doentes, como dialogava com os líderes religiosos e políticos, com as crianças e as mulheres etc. Qualquer ser humano, nas escolhas que faz no percurso de sua existência, pode se inspirar em referenciais como Jesus Cristo, São Francisco, Mahatma Gandhi, ou Madre Teresa de Calcutá. No entanto, mesmo que alguém se proponha a seguir fielmente os ensinamentos de um desses mestres, jamais será igual a ele.

Assim, o *Itinerário da mente para Deus* é uma possibilidade de experiência de transcendência da existência humana, no seguimento de Jesus Cristo. Ele é caminho de interiorização para o íntimo mais íntimo de nós mesmos, para, no silêncio da "cela interior", livre de todas as formas de apego, encontrar a Verdade. Eis como Agostinho (2002, p. 98) interpela-nos a fazer o movimento de interiorização a fim de chegar à Verdade imutável:

> Não saias de ti, mas volta para dentro de ti mesmo, a Verdade habita no coração do homem. E se não encontras senão a tua natureza sujeita a mudanças, vai além de ti mesmo. Em te ultrapassando, porém, não te esqueças que transcendes tua alma que raciocina. Portanto, dirija-te à fonte da própria luz da razão.

O *Itinerarium mentis in Deum*, conforme também indica o subtítulo desse opúsculo (*speculatio pauperis in deserto*), tem o caráter essencial de uma especulação do pobre no deserto. No pensar de Marcos Fernandes (2007, p. 177):

> O pobre, à medida que faz o seu caminho pelo deserto, vai sendo agraciado com o dom do desprendimento absoluto e do recolhimento na perfeita solidão, onde Deus, en-

quanto o amado, ou melhor, o amante, fala à intimidade da alma, revelando-se a essa através de seu nome.

Portanto, aquele que percorre o *Itinerarium* sinalizado por Boaventura o faz como um "pobre no deserto", ou seja, como alguém que segue o caminho libertador do Pobre Jesus Cristo. Ele é, por excelência, o Caminho de ascensão da mente para a contemplação de Deus *extra nos* (fora de nós), *intra nos* (dentro de nós) e *supra nos* (acima de nós).

2.2 O itinerário da mens em Deus

A alma humana é mente (*mens, spiritus*), porque é criada à imagem e semelhança de Deus (Gn 1,27). Em outras palavras, a alma humana não é imagem perfeita e coeterna de Deus, mas criada à imagem (*ad imaginem*) do Filho de Deus, ou seja, com a capacidade de ser semelhante ao Filho de Deus encarnado em Jesus Cristo.

Primeiramente destacamos que a alma humana, criada à imagem e semelhança de Deus, Uno e Trino, constitui-se pela unidade dos três elementos: memória, intelecto e vontade (*esse, nosse, velle*), potência, sabedoria e bondade. Essas potencialidades remetem à Trindade Divina que, para Boaventura, na esteira de Santo Agostinho, é essencialmente um mistério de amor. O Deus de São Francisco de Assis é Pai e Filho e Espírito Santo (BIGI, 1988).

A alma humana, enquanto *mens*, é *Capax Dei* (capaz de Deus), isto é, tem a capacidade de transcender a si mesma e progredir no amor e no conhecimento de Deus; tem a capacidade de se tornar semelhante ao amor de Deus encarnado em Jesus Cristo. É unindo-nos a Deus pelo amor que O conhecemos e O contemplamos cada vez mais em sua essência. Por isso, "aquele que não ama não conhece a Deus, porque Deus é amor" (1Jo 4,8). Por outras palavras, diz Boaventura, "Deus criou o homem apto ao repouso da contemplação" (Itin 1, 7).

Portanto, a alma humana é designada de *mens* porque há presente no seu íntimo um sopro vital e uma luz que jamais se extinguirá, e que a torna visceralmente inquieta enquanto não repousa plenamente em Deus. Por isso, o ser humano não pode ser reduzido à matéria porque "há nele um Si mais profundo" que o diferencia essencialmente dos animais irracionais. A esse respeito, o filósofo indiano Radhakrishnan observa (*apud* RAMPAZZO, 2014, p. 62):

> O verdadeiro humanismo ensina-nos que há, no homem, algo a mais do que aparece em sua consciência ordinária, algo que gera ideias e pensamentos, uma presença espiritual mais sutil que o torna insatisfeito com as suas conquistas puramente terrenas. A condição ordinária do homem não é, pois, a sua essência mais íntima. Há nele um Si mais profundo, quer se chame sopro vital ou espírito, alma, mente. Em cada ser habita uma luz que nenhuma potência pode extinguir, um espírito imortal, benigno e tolerante, um testemunho silencioso nas profundezas de seu coração.

Por fim, reafirmamos que a alma humana é espiritual porque é especialmente habitada pelo Espírito de Deus, que permeia e unifica a totalidade das coisas. O Espírito nos abre à percepção de que somos parte de um todo e de que pertencemos ao todo. Em decorrência disso, a alma espiritual evolui para a plenitude do seu ser e para "dentro" do mistério onipresente de Deus, em sinergia com todas as formas de vida existentes no universo.

2.3 *O itinerário da existência* in **Deum**

A transcendência da existência humana, sob a inspiração de Francisco de Assis e no seguimento de Jesus Cristo, é um itinerário ou uma experiência de vida em Deus. No itinerário *in Deum*, a meta do caminho coincide com o seu princípio, pois não é um caminho "para" Deus, mas tem o seu princípio "em" Deus. "Nele vivemos, e nos movemos, e existimos" (At 17,28). "Nele vivemos" significa que Deus é a fonte de nossa vida; "nele nos movemos" significa que Ele sustenta todo o nosso viver; "nele existimos" significa que nossa existência é totalmente dependente de Deus. O *Itinerarium* tem início em Deus, que nos incita a buscá-lo até que o nosso coração repouse plenamente n'Ele; de acordo com Santo Agostinho:

> O homem, particulazinha da criação, deseja louvar-Vos. Vós o incitais a que se deleite nos vossos louvores, porque nos criastes para Vós e o nosso coração vive inquieto, enquanto não repousar em Vós (AGOSTINHO, 1990, p. 23).

Por conseguinte, o *Itinerarium* é uma experiência religiosa cristã. E o que qualifica como religiosa e cristã essa experiência é a fé no Deus de Jesus Cristo. A fé não é mero sentimento, mas uma experiência ontológica, é abertura incondicional do ser humano a Deus. Fé em Deus é despojamento total de si mesmo e disponibilidade plena de "deixar inteiramente nas mãos de Deus a iniciativa de conduzir-nos a Ele por suas veredas. 'Quando eras jovem – diz Jesus a Pedro – tu te cingias e ias onde querias. Quando envelheceres estenderás as mãos e será outro que te cingirá e te levará aonde não queres' (Jo 21,18)" (LECLERC, 2000, p. 135). De acordo com Libânio (2002, p. 98), a fé implica todas as dimensões da existência humana:

> O ato de fé envolve todas as dimensões da existência humana: racional, volitivo-afetiva, histórica, prática, escatológica. Racional porque o ser humano busca inteligibilidade para o que crê. Afetiva porque ama o que crê. Histórica porque interpreta tal verdade para o momento cultural em que vive. Prática porque implica obras, ações, compromissos. Escatológica porque inicia ao que acontecerá em plenitude para além da morte.

A fé cristã é originariamente experiência de ser atingido, de ser amorosamente tocado por um totalmente Outro. Nesse sentido diz-se que não é o humano que tem a fé e, sim, é a fé que tem o humano. A fé é uma experiência de Deus que nos antecede e antecede toda explicação, toda opinião e toda doutrinação. De modo que não se trata de crer em verdades elaboradas pela razão, mas de colocar-se na dinâmica do desprendimento de Deus em Jesus Cristo.

Fé é experiência de vida descentrada de si mesmo, a exemplo de Jesus Cristo, que, em extrema solidão, se entregou à vontade do Pai: "Não se faça o que eu quero, senão o que tu queres" (Mc 14,36). Na experiência cristã, fé e amor são um binômio inseparável. A fé em Jesus Cristo consuma-se, sobretudo na obra do amor e cuidado do próximo.

Portanto, a especulação do Pobre no deserto é itinerário de ascensão da alma humana para Deus, ou seja, para aquele olhar que vê tudo em Deus e Deus em cada coisa. Francisco é o pobre que, no deserto, contempla o divino que se revela e se retrai em sua interioridade mais íntima, bem como nas e por todas as criaturas, e no seu nome de Ser e sumo Bem. Enfim, no deserto contempla-se os mistérios invisíveis de Deus *extra nos* (fora de nós), *intra nos* (dentro de nós) e *supra nos* (acima de nós).

3 Os três estágios de ascensão a Deus

O caminho de ascensão a Deus constitui-se de três estágios: o primeiro consiste em descobrir, no mundo sensível, os vestígios de Deus, que são corpóreos, temporais e externos a nós; o segundo dá-se quando, mergulhados em nós mesmos, percebemos que a nossa alma é uma imagem espiritual e imortal de Deus e que nela está a Sua marca indelével; o terceiro indica uma passagem à contemplação do Princípio sem princípio, espírito puro, transcendente e eterno, a um só tempo presente na alma e superior a ela (BIGI,

1988). Em nossa atual condição, assevera Boaventura, toda a realidade constitui uma escada para ascender a Deus:

> Assim orando, somos iluminados de modo a conhecer as etapas da ascensão a Deus. Com efeito, para nós homens, em nossa atual condição, toda a realidade constitui uma escada para ascender a Deus. Ora, entre as coisas, algumas são vestígios de Deus, outras sua imagem; algumas são corpóreas, outras espirituais; algumas são temporais, outras são imortais; e, portanto, algumas estão fora de nós; outras, ao contrário, em nós. Por conseguinte, para chegar à consideração do primeiro Princípio, que é puro espírito, eterno e transcendente, é necessário que passemos antes pela consideração de seus vestígios que são corpóreos, temporais e externos a nós, e isto significa ser conduzido no caminho de Deus. É necessário, finalmente, que nos elevemos ao que é eterno, puro espírito e transcendente, fixando o olhar sobre o primeiro Princípio, e isso significa alegrar-se com o conhecimento de Deus e com a adoração de sua majestade (Itin 1, 2).

Destacamos, então, três etapas progressivas de contemplação de Deus: primeiramente, nas coisas corpóreas, externas a nós; depois, nas coisas espirituais, dentro de nós; e, finalmente, nos elevamos a Deus para amá-lo com a totalidade do nosso ser. Neste terceiro estágio, explica Boaventura, o ser humano chega à perfeita observância da lei e à sabedoria cristã:

> Segundo esta tríplice maneira de nos elevarmos progressivamente a Deus, a nossa alma possui três principais vias para perceber. Na primeira, olha sobre as coisas corporais e exteriores – pelo que se chama "animalidade" ou sensitividade. Na segunda, olha sobre si mesma – e se chama, por isso, espírito. Na terceira, olha acima de si mesma – e se denomina então mente. Estas três faculdades devem servir-nos para elevar-nos a Deus, para amá-lo com toda

a nossa mente, com todo nosso coração, com toda nossa alma. Nisto consiste a observância perfeita da lei e toda sabedoria cristã (Itin 1, 4).

Contudo, segundo quanto afirma Boaventura, os vestígios de Deus encontram-se em todas as criaturas; a imagem, em todos os seres humanos; a semelhança, somente nos seres humanos que se assemelham a Deus. E o processo de ascensão do homem para a similitude com Deus, isto é, para o encontro d'Aquele que lhe é mais íntimo do que ele próprio, se dá sob a égide da graça divina. No entanto, não basta a graça divina para chegar à nossa interioridade mais íntima; é necessário meditação profunda, vida pura, oração fervorosa, retidão da vontade e iluminação da inteligência (Itin 1, 8).

3.1 A contemplação de Deus fora de nós: nos vestígios

Para o místico Boaventura, o mundo exterior não tem outro sentido senão revelar o poder, a sabedoria e a bondade do Criador. O universo dos vestígios de Deus, "é como que um livro, no qual resplandece, representa-se e lê-se a Trindade criadora em três graus de expressão, a saber: como vestígio, como imagem e como semelhança" (BOAVENTURA, 1999, p. 130). Todas as criaturas são luminares que manifestam, cada uma a seu modo, a sabedoria, a beleza e a bondade do Criador. Enfim, Deus criou o mundo sensível "para dar a conhecer a si mesmo, isto é, para que, pelo mundo, como por um espelho e vestígio, o homem fosse conduzido a amar e a louvar a Deus Criador" (BOAVENTURA, 1999, p. 128). Portanto, por meio do mundo corpóreo, podemos vislumbrar as perfeições sublimes de Deus, ou seja, "o mundo visível leva o intelecto a considerar o poder, a sabedoria e a bondade de Deus – e fá-lo reconhecer que Deus possui o ser, a vida, a inteligência, uma natureza espiritual, incorruptível e imutável" (Itin 1, 13).

Ainda de acordo com Boaventura, "pelo vestígio das coisas criadas, a inteligência pode elevar-se ao conhecimento do poder, da sabedoria e da imensa bondade do Criador" (Itin 1, 11). Em alta voz as criaturas, sujeitas a mudanças e vicissitudes, proclamam que foram criadas: "Existimos porque fomos criadas. Portanto não existíamos antes de existir, para que nos pudéssemos criar" (AGOSTINHO, 1990, p. 270). E, porque Deus é realmente a causa única de todas as coisas, podemos inferir-Lhe a existência a partir das criaturas.

Na cosmovisão bonaventuriana, "a beleza das criaturas, com a variedade de suas luzes, de suas figuras e de suas cores" (Itin 1, 14), proclama altamente a beleza do Criador. Todos os vestígios de Deus, no "macrocosmo", são belos porque recebem o seu ser do Ser que é suma beleza. Por isso, nos encantam, afeiçoam e fascinam, e elevam a nossa inteligência ao conhecimento das perfeições do Criador. Enfim, diante do espetáculo da beleza das criaturas, proclama Santo Agostinho (1990, p. 88): "Que é o belo, por conseguinte? Que é a beleza? Que é que nos atrai e afeiçoa aos objetos que amamos? Se não houvesse neles certo ornato e formosura não nos atrairiam".

De fato, no conjunto das crituras, não estamos lançados em meio ao caos e à arbitrariedade, mas fazemos parte de uma ordem maior, de uma grandiosa sinfonia da vida. No universo das criaturas, cada criatura, considerada individualmente, e cada espécie de criaturas, é bela e boa. Porém, lembra-nos Agostinho (1990, p. 360), que Deus, tendo concluído a obra da criação, viu que tudo era "muito bom" e "muito belo":

> Cada uma das criaturas separadamente era boa. Porém, consideradas em conjunto eram não só "boas" mas até "muito boas". Isto mesmo o afirma também a beleza de qualquer ser orgânico. Um corpo, formado de membros todos belos, é muito mais belo do que cada um dos seus membros de cuja conexão harmoniosíssima se

forma o conjunto, posto que também cada membro, separadamente, tenha uma beleza peculiar.

Enfim, na esteira agostiniana, Boaventura exalta a bondade e beleza das criaturas como transcendentais do ser. São propriedades transcendentais do Ser porque todos os entes criados são belos e bons enquanto participam do Ser Belo e Bom, Criador de todos os entes. De modo que, tudo que é, é bom; tudo que é, é belo. Contudo, reitera Agostinho, a beleza e bondade das criaturas não se compara às perfeições do Criador:

> Vós, Senhor, criastes todos os seres. Porque sois belo, eles são belos; porque sois bom, eles são bons; porque existis, eles existem. Não são tão formosos, nem tão bons, nem existem do mesmo modo que Vós, seu Criador. Comparados convosco nem são belos, nem são bons, nem existem (AGOSTINHO, 1990, p. 270).

Na visão de Boaventura, estamos tão enraizados em Deus que a Sua existência não precisa ser provada, pois é condição do surgimento de todo modo finito de ser:

> Deus está próximo de cada criatura e essa presença constitui o mais íntimo dela mesma. Mesmo não sendo circunscrito e definido em nenhum modo finito de ser, de operar e de fazer aparecer (*quod Deus non sit in aliquo genere*), Deus está presente em todos os níveis da criação, vale dizer, está presente como condição do surgimento de todo o modo finito de ser, operar e fazer aparecer (FERNANDES, 2007, p. 79).

Portanto, "comecemos por contemplar este mundo sensível como um espelho através do qual podemos chegar até Deus, o artista soberano" (Itin 1, 9). Contudo, adverte o Doutor Seráfico, "pouco ou nada servirá o espelho que eu quero pôr sob seus olhos, se o espelho de seus espíritos não tiver sido previamente bem purificado e bem polido" (Itin prol. 4). Somente o olhar purificado, sem interesses escusos, vislumbra a presença do divino no espelho da criação. A bem da verdade, é preciso ser cego, surdo e mudo para não reconhecer, no espetáculo das criaturas, os vestígios do sapientíssimo Deus e não louvá-Lo:

> Cego é, portanto, quem não é iluminado pelos inumeráveis esplendores das realidades criadas; surdo, quem não é despertado pelas vozes tão numerosas; mudo, quem não é impelido a louvar a Deus pela consideração de todos estes seus efeitos; idiota quem, a partir de tantos sinais, não reconhece o primeiro Princípio. Abre, portanto, teus olhos; tende as orelhas de teu espírito; abre teus lábios e dispõe teu coração de modo a poder ver, ouvir, louvar, amar e adorar, glorificar e honrar teu Deus em todas as criaturas, a fim de que o universo inteiro não se insurja contra ti (Itin 1, 15).

Em suma, por meio das criaturas em geral, vestígios de Deus, podemos contemplar a Deus como causa e princípio de todas as coisas. As criaturas todas não são por si mesmas e, por isso, referem-se necessariamente ao Criador. Porém, Deus, como veremos mais adiante, cria as coisas livremente, por amor.

3.2 A contemplação de Deus nas potencialidades da alma humana

Boaventura convida-nos a entrar em nós mesmos e a ver, com os olhos da razão, com que ardor nossa alma ama a si própria. E observa que "ela não poderia amar-se, se não se conhecesse. Nem poderia conhecer-se, se não tivesse lembrança de si mesma" (Itin 3, 1). Assim sendo, com os olhos da razão, podemos vislumbrar em nossa alma três potencialidades: memória, intelecto e vontade.

Por meio dessas potências, como num espelho, pode-se ver Deus, observa Boaventura (Itin 3, 1): "considera as atividades e as relações mútuas dessas três potências e poderás ver a Deus em ti mesmo como na sua imagem".

Deus está presente em todas as criaturas e, especialmente, na alma humana, pois, além de ser vestígio, é imagem de Deus. Por outras palavras, na alma encontra-se impressa a memória de Deus, não só como causa, mas sobretudo como "objeto" de conhecimento (Verdade) e de amor (sumo Bem) (Itin 3, 2).

Primeiramente consideramos que existe na alma humana uma tendência natural e inexplicável ao conhecimento da Verdade. Não há como negar que o amor à Verdade é-nos inato. Essa aspiração não pode ser explicada senão pela existência de certo conhecimento dela, visto que não se pode amar o que se desconhece totalmente. Ora, a Verdade que o ser humano deseja conhecer e, ao mesmo tempo, já conhece confusamente é Deus. Temos, portanto, já presente na alma uma noção de Deus, ou uma memória inata de Deus, que suscita em nós desejo de conhecê-lo plenamente (Itin 3, 3).

Destacamos, então, que a alma humana tende, inegavelmente, ao bem e à felicidade. De fato, todo ser humano deseja ser feliz. Isso não seria possível se ele não tivesse já experimentado, de algum modo, o bem da felicidade. A propósito, observa Boaventura:

> O desejo tem por objeto principal aquilo que mais nos atrai. Ora, o que mais nos atrai é aquilo que mais amamos. E o principal objeto do amor é a felicidade. Mas a felicidade não se encontra senão no sumo Bem e nosso fim último. Assim, em todos os seus desejos, o homem tende para o soberano Bem ou para aquilo que até ele conduz (Itin 3, 4).

Por conseguinte, entre todos os desejos, o ser humano almeja o soberano Bem ou algo que se assemelha ao bem e à felicidade. A felicidade está intimamente atrelada à busca do bem e à prática das virtudes. Então, explica-se a vontade natural de fazer o bem e de querer ser feliz pela presença da ideia do bem e da perfeita beatitude em nossa memória.

Em suma, a alma humana constitui-se de três potências e por meio delas podemos ver, com os olhos da razão, as propriedades divinas: potência, inteligência e vontade. O ser humano tende, natural e inexplicavelmente, a amar e buscar o soberano Bem e a conhecer a Verdade, porque Deus, como num espelho, está presente em nossa mente.

3.3 A contemplação de Deus acima de nós: Ser e Sumo Bem

A contemplação de Deus como Ser e sumo Bem é possível pela luz da eterna verdade "estampada sobre nosso espírito" (Sl 4,7). Por outras palavras, podemos conhecer a Deus porque Ele já nos está presente (Itin 5, 1).

A princípio, fixemos nosso olhar sobre o Ser mesmo. O primeiro nome de Deus é "Aquele que é". No Antigo Testamento, foi dito a Moisés: "Eu sou aquele que sou" (Ex 3,14). No entanto, no Novo Testamento, Jesus chama Deus de Bom: E "ninguém é bom senão só Deus". De modo que afirma-se simultaneamente que Deus "é" e que é "bom" (Itin 5, 2).

Primeiramente, consideramos que Deus é ser por excelência, Ele possui toda a perfeição cabível ao ser. O nome primordial de Deus é ser, porque não Lhe falta nenhum grau do ser, nem perfeição alguma. O ser puríssimo exclui essencialmente o não ser e, por isso, não pode ser pensado como não existente. E, afirma Boaventura, "é impossível concebê-lo retamente como não-existente, porque ser é absolutamente melhor do que não-ser" (Itin 6, 2). De acordo

com Fernandes (2007, p. 49), enquanto a criatura tem ser ao rece-
bê-Lo, Deus é o seu próprio ser:

> Se Deus é o ser mesmo, o ser puríssimo, o ser verda-
> deiro, por ser só ser e todo ser, a Ele o ser pertence não
> como algo que ele tem, mas como o que ele é. Deus
> *est suum esse* – Deus é seu ser. A criatura tem ser. E o
> tem à medida que o recebe, que a ele se atém, nele se
> mantém. Já Deus não tem ser. Ele é ser.

Dessa maneira, Deus é o ser que subsiste absolutamente em Si
e por Si mesmo. Ele é ser puríssimo, verdadeiro e perfeito e, sendo
perfeito, também é bom, visto que perfeito é exatamente aquele a
quem nenhum bem falta. Logo, sendo Deus Seu próprio ser, Ele é
a própria perfeição e, *ipso facto*, a própria bondade. Deus é absoluta
bondade (BIGI, 1988). Diz-se que "o bem tende, por própria natureza, a difundir-se. É, pois, próprio do Sumo Bem, difundir-se
sumamente" (Itin 6, 2). O sumo Bem, desde toda a eternidade,
comunica toda a sua substância e sua natureza na geração do seu
Filho amado. No entanto, ressaltamos que, segundo Boaventura, a
eterna comunicação de Deus na produção do seu igual é bem maior
do que a comunicação que fez às criaturas no tempo (Itin, 6, 2).

Entretanto, há uma primazia do Ser em relação ao Bem na ordem do conhecimento: nada pode ser considerado bom sem que
antes tenha sido concebido como ente. O Ser é o princípio radical
de todos os atributos essenciais de Deus. Destarte, assim como o
som é o objeto próprio do ouvido, o ente é o objeto próprio do
intelecto. Este apreende antes de tudo o ente, ou seja, todo conhecimento se dá graças à primeira luz e verdade do ser.

Portanto, temos um primado do conhecimento do ente (*ens*)
sobre o bem e uma primazia cognoscitiva do ser sobre o ente. Podemos dizer que algo só é bom enquanto é ente e o ente só existe em
virtude de um ser que não apenas é bom, mas é a própria bondade.

Em suma, Deus é a verdade originária de todas as coisas e conhecemos tudo à luz do Ser e do Sumo Bem. Conhecemos que todos os entes são e que são bons porque participam do ser-bom de Deus. Esse modo de conhecer Deus é próprio dos místicos, a saber, o conhecimento experiencial de Deus (*cognitio Dei experimentalis*). Os místicos conhecem Deus pela sua união amorosa com Ele. Por outras palavras, não se obtém o conhecimento de Deus senão pela via do amor (POMPEI, 1993). O amor implica total desapego de si e absoluta entrega à alteridade. Por isso, afirma Dionísio Pseudo-Areopagita, "separando-nos de tudo e do todo, seremos elevados em um puro êxtase até o raio tenebroso da divina essência" (BEZERRA, 2009, p. 131). Portanto, somente no desprendimento total de todas as coisas e de si mesmo, com coração puro, livre e leve, somos enlevados à contemplação de Deus no seu nome principal, o Ser, e enquanto sumo Bem.

4 Possibilidades e limites da cognoscibilidade de Deus

A questão de Deus é, sem dúvida, a grande questão do pensamento medieval cristão. Não se trata de um questionamento acerca da existência de Deus, mas sobre a condição de tudo que é. Para o místico franciscano, Deus está em todo lugar, porque é todo lugar, é onipresente. No entanto, mesmo sendo totalmente presente em cada criatura, Ele permanece transcendente. A Sua transcendência é tal que não pode ser considerada um primeiro entre os entes, dentro da ordem do mundo. Deus não é um ente entre outros entes por estar além de todo ente e inteiramente em todos eles, como observa Santo Agostinho (1990, p. 119):

> Vós, porém, que viveis tão alto e tão perto de nós, tão escondido e tão presente, que não possuís uns membros maiores e outros menores, mas estais todo em toda parte, não sois espaço nem sois certamen-

te esta forma corpórea. Vós criastes o homem à vossa imagem, e contudo ele, desde a cabeça aos pés, está contido no espaço.

Posto isso, a questão que se coloca é: Pode-se compreender Deus? Para Boaventura, o conhecimento de Deus por compreensão requer a igualdade do ser humano com Ele. Isso equivale a dizer que Deus só pode ser compreendido plenamente por Si mesmo. O Doutor Seráfico, ao inquirir sobre a possibilidade de se conhecer o mistério de Deus, observa "que se pode saber perfeitamente e plenamente e em modo compreensivo o que é Deus; mas tal realidade é conhecida neste modo somente por Deus" (*apud* MANNES, 2009, p. 22). Ao compreender-se totalmente, Deus gera o Verbo, no qual de todo Se expressa, Se reconhece e pelo qual chama à existência todas as criaturas. O Verbo eternamente gerado é o Seu Filho, de modo que "Deus tem um Filho, ao qual sumamente ama – o Verbo igual a Ele, que Ele gerou desde toda a eternidade e no qual dispôs todas as coisas" (Brevil 2, 4).

Quanto às possibilidades de o intelecto humano compreender Deus, Boaventura entende que o homem só pode compreendê-Lo parcialmente (*ex parte*), ou seja, dentro dos seus limites e possibilidades. Todavia, a noção de que Deus existe é imprescindível para que Ele possa ser buscado. Quem procura alguma coisa já deve ter algum conhecimento do objeto de sua busca. Por isso, aquele que busca conhecer Deus deve ter certo conhecimento prévio do que busca. Assim, Deus se manifesta e se oculta à consciência humana, conforme atestam as seguintes palavras de Hugo de São Vítor, invocadas por Boaventura (*apud* MANNES, 2009, p. 23):

> Desde o princípio da natureza, Deus não quis ser nem totalmente manifesto à consciência humana nem totalmente oculto [...]. Foi oportuno que se ocultasse apenas de maneira a não revelar-se completamente, mas

ficando suficientemente manifesto e cognoscível, para ser aquilo que a mente humana nutre como objeto de conhecimento e algo escondido que a provoque.

Os pensadores cristãos, por mais que já tenham escrito acerca de Deus, têm consciência de que o *quid est Deus* (o que Deus é) é inacessível ao intelecto humano. Como observa Rudolf Bultmann (*apud* BEZERRA, 2009, p. 103), "se existe algo estranho ao pensamento cristão é a possibilidade do conhecimento racional de Deus". O limite não está simplesmente na condição humana de "ser finito", mas na transcendência de Deus. Todas as coisas que existem no universo proclamam que não são Deus, mas respondem prontamente que foi Ele que as criou:

> Quem é Deus? Perguntei-o à terra e disse-me: "Eu não sou". E tudo o que nela existe respondeu-me o mesmo. Interroguei o mar, os abismos e os répteis animados e vivos e responderam-me: "Não somos o teu Deus; busca-o acima de nós". Perguntei aos ventos que sopram; e o ar, com os seus habitantes, respondeu-me: "Anaxímenes está enganado; eu não sou o teu Deus". Interroguei o céu, o sol, a lua, as estrelas e disseram-me: "Nós também não somos o Deus que procuras". Disse a todos os seres que me rodeiam as portas da carne: "Já que não sois meu Deus, falai-me de meu Deus, dizei-me ao menos alguma coisa d'Ele". E exclamaram com alvoroço: "Foi Ele quem nos criou" (AGOSTINHO, 1990, p. 222).

Também para Santo Anselmo de Aosta, Deus é infinitamente maior do que qualquer representação conceitual d'Ele. Na obra *Proslógio*, dirige-se ao Senhor nos seguintes termos: "Senhor, Tu não és apenas aquilo de que não é possível pensar nada maior, mas és, também, tão grande que superas a nossa possibilidade de pensar-te" (ANSELMO, 1973, p. 119). Por outras palavras, Deus habita em luz inacessível e ninguém, exceto Ele mesmo, pode contemplá-Lo com clareza:

> É realmente inacessível a luz em que habitas, ó Senhor,
> e não há ninguém, exceto Tu, que possa penetrá-la bas-
> tante para contemplar-te com clareza. Eu não a vejo,
> sem dúvida, por causa do seu brilho, demasiado para
> os meus olhos e, todavia, o que consigo ver, vejo-o atra-
> vés dela, da mesma maneira que o olho fraco do nosso
> corpo vê tudo aquilo que vê pela luz do sol, que, no
> entanto, não pode contemplar diretamente (ANSEL-
> MO, 1973, p. 119).

Portanto, o homem não tem a compreensão clara, plena e distinta de Deus e do mundo criado. Porém, apregoa Boaventura, esse conhecimento cresce à medida que o ser humano, iluminado pela Sabedoria Divina, se purifica (liberta-se de tudo que não é Deus) e se aproxima ontologicamente do modo de ser de Deus. O conhecimento pleno de Deus requer união esponsal da alma com Deus, sem qualquer coisa que se interponha entre o espírito humano e Deus. O amor é elemento constitutivo da vida mística (POMPEI, 1993). No entanto, tudo que tem início a partir de outro ou por outro jamais chegará a ser igual Àquele do qual ou pelo qual começou a existir.

Considerando, então, que o ser humano jamais será igual a Deus, nunca O conhecerá, *in tempore*, tanto quanto Ele conhece a Si mesmo. Por mais altos que sejam os voos do pensamento humano, Deus está sempre para além. Por isso, recomenda Boaventura, "contemplando a natureza divina, cuida-te bem de acreditares que compreendes o mistério incompreensível" (Itin 6, 3). Enfim, Deus não é pensável, como bem dizia Pascal: "Crer em Deus não é pensar Deus. Crer em Deus é sentir Deus" *(apud* BOFF, 2006, p. 35). E quem sente Deus é o coração. Precisamos, então, deixar-nos envolver pelo mistério para senti-lo sempre mais, conforme nos relata um dos antigos sábios:

> Era uma vez um boneco de sal. Após peregrinar por ter-
> ras áridas, chegou a descobrir o mar que nunca vira an-

tes e por isso não conseguia compreendê-lo. Perguntou o boneco de sal: "Quem és tu?". E o mar respondeu: "Eu sou o mar". Tornou o boneco de sal: "Mas que é o mar?". E o mar respondeu: "Sou eu". "Não entendo", disse o boneco de sal. "Mas gostaria muito de compreender-te; como faço?" O mar simplesmente respondeu: "Toca-me". Então o boneco de sal, timidamente, tocou o mar com a ponta dos dedos do pé. Percebeu que aquilo começou a ser compreensível. Mas logo se deu conta de que haviam desaparecido as pontas dos pés. "Ó mar, veja o que fizeste comigo". E o mar respondeu: "Tu deste alguma coisa de ti e eu te dei compreensão; tens que te dares todo para me compreender todo". E o boneco de sal começou a entrar lentamente mar adentro, devagar e solene, como quem vai fazer a coisa mais importante de sua vida. E na medida em que ia entrando, ia também se diluindo e compreendendo cada vez mais o mar. E o boneco continuava perguntando: "Que é o mar". Até que uma onda o cobriu totalmente. Pôde ainda dizer, no último momento, antes de diluir-se no mar: "Sou eu". Desapegou-se de tudo e ganhou tudo: o verdadeiro eu (BOFF, 2011, p. 163).

O boneco de sal começou a compreender o mar na medida em que dava alguma coisa de si e se despojava do seu eu. Analogamente, o ser humano, à medida que se desprende das coisas, pessoas e do seu próprio eu e mergulha para dentro do mistério insondável de Deus, compreende-O cada vez mais. Progredir no conhecimento da natureza de Deus significa compreender cada vez mais que não se pode compreendê-la totalmente. Afirma Dionísio Areopagita:

Não há palavra nem inteligência para expressar a Causa boa de todas as coisas, porque ela está colocada suprassubstancialmente além de todas as coisas, e só se revela verdadeiramente [...] àqueles que abandonam todas as luzes divinas e os sons e discursos celestes e penetram na escuridão onde verdadeiramente reside, como diz a Escritura, aquele que está além de tudo (AREOPAGITA, 1996, p. 408).

Por fim, é importante ressaltar que o homem não pode ver (conhecer) Deus plenamente e permanecer vivo. Observa Boaventura: "É absolutamente certo de que homem algum poderá ver-me sem morrer" (Itin 7, 6). Consequentemente, toda visão de Deus neste mundo é uma não visão e todo saber é um não saber, uma vez que Deus, essencialmente, ama ocultar-Se.

III
A criação do universo na visão de Boaventura e João Duns Escoto

Os livros sagrados das religiões monoteístas: a Torá (Judaísmo), a Bíblia (Cristianismo) e o Alcorão (Islamismo) narram que o universo foi criado por um Deus onipotente, sapiente e benevolente. No entanto, à base do pensamento franciscano, encontra-se uma peculiar concepção de criação: as coisas existem porque foram livremente pensadas e criadas em vista da plena manifestação de Deus na encarnação do Seu Filho. Por isso, o presente capítulo tem como objetivo explanar alguns aspectos fundamentais a respeito da origem e da finalidade da criação especialmente na perspectiva de Boaventura e João Duns Escoto.

1 Origem e finalidade da criação na visão de Boaventura

Deus é o princípio único de tudo e criou todas as coisas no princípio, conforme lê-se no início da Sagrada Escritura: *"No princípio Deus criou o céu e a terra"* (Gn 1,1). A palavra "criar" vem do latim *creare* e significa dar origem a alguma coisa. Pelo ato da criação, aquilo que até então não existia passa a existir. Já a expressão "no princípio" indica que Deus cria tudo na e pela Palavra do Seu Filho, conforme revela o Novo Testamento: "No princípio era o Verbo e o

Verbo estava com Deus, e o Verbo era Deus. Todas as coisas foram feitas por Ele" (Jo 1,1-2).

O Verbo, eternamente gerado por Deus, expressa totalmente o ser de Deus e contém em si mesmo as ideias exemplares de todas as coisas criadas e criáveis *ex nihilo*, a partir do nada. Para Boaventura, o Verbo é o modelo, o exemplar originário segundo o qual as coisas são criadas. Deus conhece as coisas no Seu Filho "antes" mesmo de criá-las e, segundo essa presciência, criou o universo. De acordo com De Boni (1999, p. 40), "o Verbo, por ser semelhança perfeita de Deus, é também a 'arte divina', isto é, o plano original da ação divina". Assim como o artista produz sua obra de arte, deixando-se orientar por uma ideia *a priori*, do mesmo modo, analogamente, Deus, o grande arquiteto da criação, cria as coisas contemplando as suas ideias exemplares no Seu intelecto.

Dito isso, coloca-se a seguinte questão: Por que Deus criou o universo? Para o Doutor Seráfico, a causa primeira das coisas é a vontade boa e livre do Criador. A incondicionalidade da ação divina de criar é expressa no princípio (axioma) neoplatônico de Dionísio Areopagita *bonum diffusivum sui* (bondade que se difunde). Então, Deus, transbordando de bondade, cria o universo. Por isso, a criação não tem uma razão, um fundamento, um porquê. Ao fundo da factualidade do mundo está a liberdade divina:

> O princípio autêntico, o ponto de salto de toda a criação, reside na liberdade de Deus. O ente criado é contingente. E se há algo, em vez do nada, esse haver se deve a uma decisão, a qual emerge da liberdade e benevolência do criador. Ao fundo da facticidade do mundo está o abismo da liberdade de Deus (FERNANDES, 2007, p. 73).

Por conseguinte, o ponto de salto de toda criação é o abismo da liberdade amorosa. Ele quis livremente a criatura e a criou por amor, porque "Deus é amor" (1Jo 4,8). Deus decide agir sempre de forma coerente com a Sua natureza; por isso, também a criação é da ordem do amor, quer dizer, é uma concretização do amor divino no tempo (NÚNEZ, 2016). Consequentemente, o universo não é resultado de uma demonstração de onipotência arbitrária, mas de amor. Nessa perspectiva, reitera o Papa (IGREJA CATÓLICA, 2015, 77, p. 63):

> A criação pertence à ordem do amor. O amor de Deus é a razão fundamental de toda a criação: "Sim, amas tudo o que existe e não desprezas nada do que fizeste; porque, se odiasses alguma coisa, não a terias criado" (Sb 11,24). Então cada criatura é objeto da ternura do Pai que lhe atribui um lugar no mundo.

As criaturas, com voz altíssima e fortíssima, proclamam que Deus existe e d'Ele recebem o dom de existir. No entanto, a criação não é um ato do passado, mas uma ação contínua do Criador. Toda criatura precisa constantemente do seu oferente. Da mesma forma que, enquanto há luz do sol, é dia, mas, quando essa luz fenece, é noite, assim acontece com as criaturas. Os entes existem à medida que são sustentados na existência. Por outras palavras, todos cairiam no nada se o Ser Divino lhes subtraísse, ainda que por um instante, a Sua presença. Nesse sentido, Fernandes (2007, p. 65) assevera que

> a criatura só subsiste à medida que o criador lhe comunica o ser ou, então, à medida que a criatura participa do ser, que lhe é comunicado pelo criador. O criado está, pois, dependurado na dinâmica da comunicação/participação do ser, que se dá no entre da relação criador-criatura.

Na concepção bonaventuriana, portanto, a criatura é *ex alio*, *secundum aliud* e *propter aliud,* isto é, a partir de outro, segundo outro e por outro. Ela não tem o ser por si mesma, mas o recebe de um outro e, consequentemente, não pode existir senão pela presença de quem lhe doa o ser. O ser e o subsistir de cada criatura são por graça de um outro, conforme o belo detalhamento que segue:

> A criatura é um *ens ab alio* (é um sendo, um ente, a partir de um outro). Assim como o ser de Deus é caracterizado como *a-se-idade* (*aseitas*), o ser da criatura é determinado como *ab-ali-edade* (*abalietas*). Isto quer dizer que, da criatura, não podemos afirmar que seja o *ipsum esse subsistenz* (o ser mesmo subsistente). O seu ser e o seu subsistir é *per aliud* (por graça de um outro), a saber, por graça daquele que, gratuita e liberalmente, lhe dá o ser e lhe mantém no ser (FERNANDES, 2007, p. 59).

De acordo com essa citação, Deus está essencialmente presente em todas as coisas, no sentido de que toda substância recebe d'Ele o seu próprio ato de existir, que a torna um ente. Nesse mesmo sentido, pode-se dizer que Deus é o existir de todas as coisas, porquanto é Ele que concede e conserva o ato de existir de todas elas. Deus é o íntimo mais íntimo do finito, isto é:

> No coração do cosmos e do ser humano, ali está Deus. Aliás, sem ser por nenhuma coisa ou espaço abarcado, ele está todo em todas as partes do universo. E isto, porque a ele pertence, de modo único, o ser (FERNANDES, 2007, p. 47).

Mediante o exposto, pode-se, então, concluir que a origem e a finalidade da criação são o próprio Deus. Ele fez tudo para Ele mesmo, para a Sua glória. Contudo, entre as criaturas, o ser humano é o destinatário privilegiado da comunicação sem medida de Deus sábio, todo-poderoso e bom. Deus quis "manifestar-se especialmente no último e mais nobre efeito, que é o homem. Este foi produzido em último lugar entre todas as criaturas, para que nele principalmente se manifestasse e nele resplandecesse a consumação das obras divinas" (BOAVENTURA, 1999, p. 126). Ademais, reitera Boaventura, "todos os seres corpóreos foram feitos para o serviço humano, para que, por eles, o homem se abrase no amor e no louvor do autor do universo, por cuja providência tudo é disposto" (BOAVENTURA, 1999, p. 122).

Sem dúvida, tudo é belamente disposto pelo sumo bem ao ser humano a fim de estimulá-lo a louvar o Criador com todas as criaturas. A formosura das coisas nos atrai e nos eleva a amar o seu Criador. Nesse sentido, já ponderava Santo Agostinho (AGOSTINHO, 1990, p. 88): "Que é que nos atrai e afeiçoa aos objetos que amamos? Se não houvesse neles certo ornato e formosura não nos atrairiam".

Portanto, toda a realidade criada é permeada por um mistério fascinante. Este mistério que a tudo impregna, nos une à totalidade dos entes e nos convoca e impele a um respeito amoroso às criaturas. Diante disso, também afirma o Papa Francisco que "estamos unidos por laços invisíveis e formamos uma espécie de família universal, uma comunhão sublime que nos impele a um respeito sagrado, amoroso e humilde" (IGREJA CATÓLICA, 2015, 89, p. 73). Em síntese, para as criaturas "não há mais do que um Pai, de quem tudo procede e para quem nós existimos; e um só Senhor, Jesus Cristo, por quem existem todas as coisas e nós também" (1Cor 8,6).

2 A criação e a encarnação do Filho de Deus segundo Duns Escoto

João Duns Escoto (1266-1308) nasceu em Duns, na Escócia, donde o nome "Scotus". Iniciou seus estudos na Escócia e completou-os em Paris, de 1291 a 1297. Algumas de suas principais obras são: *Ordinatio* (comentário às *Sentenças* de Pedro Lombardo); *Tratado sobre o primeiro princípio*; *Questões sobre os universais de Porfírio*; e *Questões da metafísica de Aristóteles*.

Duns Escoto, devido às suas profundas e sutis especulações acerca de Deus, do ser humano e da criação, está entre os pensadores mais maduros da Escola Franciscana. Queremos aqui destacar alguns aspectos do seu pensamento, especialmente no que se refere à contingência da criação e da encarnação do Filho de Deus.

2.1 A contingência do criado e da vontade criadora

Um dos elementos mais relevantes do pensamento escotista é a sua teoria sobre a contingência. De acordo com Duns Escoto (1998), contingente é o que é, mas que poderia não ser, ou existir de outro modo. Contingente é tudo aquilo que não existe necessariamente, pois está continuamente suspenso no abismo do não ser. No dizer de Fernandes (2007, p. 65), "para a criatura, existir é graça de ser, mas é graça sempre exposta à ameaça do não-ser. A criatura, por assim dizer, pende sempre por um fio sobre o abismo do não-ser".

O contingente é à medida que recebe o ser que lhe é comunicado por um ser absolutamente necessário. No entanto, essa comunicação do ser a cada criatura não se dá necessariamente, mas de forma contingente. Por outras palavras, a relação entre Deus e a criatura não é de causa e efeito, mas livre. Observa Merino (2006, p. 134) que, "enquanto o infinito é absolutamente necessário, porque possui a plenitude da existência, o finito, que é contingente, existe realmente, mas recebe toda sua possibilidade da causa eficiente primeira, que lhe comunica o ser e o conserva gratuitamente". Desse modo, a primeira causa contingentemente cria; ou seja, querendo cria. Caso contrário, o criado não seria contingente, mas necessário e paradoxalmente eterno.

Por conseguinte, os seres do universo são contingentes, porque dependem continuamente de uma vontade superior que não os cria por necessidade de natureza, nem por alguma falta ou qualquer outra causa ou matéria extrínseca, mas *ex nihilo*. Deus tem o poder de "retrair-se" e de fazer com que "algo" radicalmente diferente (contingente) venha a existir no tempo. Ainda, de acordo com Merino (2006, p. 134), "a explicação última da contingência está em Deus, que age e intervém no mundo de um modo absolutamente livre".

Sendo assim, o que é contingente não é necessariamente, mas depende de uma vontade que cria, podendo não criar. Contudo, para criar, não bastam a autodeterminação da vontade divina e o poder de criar aquilo que jamais existiria se não fosse criado; é preciso também que se tenha um conhecimento prévio do que se pretende produzir. Por essa razão, as coisas, "antes" de existirem no tempo, já existiam como possibilidades de ser no intelecto de Deus:

> O ser criado diz respeito justamente a um *status* de ser, a um modo de ser, antes de dizer respeito ao fato de ser feito ou de ser produzido. O ser criado diz respeito a um modo de ser já determinado de seu ser-possível, antes mesmo de seu ser-de-fato. Dito de outro modo: antes de o ser criado se referir a uma factualidade (ao fato de ser feito, produzido), diz respeito a uma possibilidade de ser (a um modo de ser e de poder ser) que está essencialmente referida ao ser de Deus, enquanto criador (FERNANDES, 2007, p. 56-57).

Dessa citação pode-se concluir que o ser criado, "antes" de existir no tempo, é um ente possível no intelecto divino, e que Deus estabelece com todas as criaturas uma relação livre e amorosa. No entanto, reiteramos também que, entre as criaturas, Deus privilegiou o ser humano, criando-o à imagem do Filho encarnado, ou seja, com a graça da liberdade para que, a exemplo do Filho Jesus Cristo, pudesse corresponder ao amor de Deus por nós. O amor, que é Deus, se manifesta em toda a sua pregnância em Jesus Cristo, e todo o ser humano, cada qual na sua irrepetível singularidade, é chamado a ser filho no Filho muito amado de Deus Pai (FERNAN-DES, 2007).

Além disso, é importante ressaltar que a teoria da criação não contradiz a teoria da evolução do universo. O *Big Bang* – teoria que diz que o universo foi criado a partir de uma explosão cósmica, cerca de 13,7 bilhões de anos atrás – não contradiz a intervenção do Criador Divino, mas a exige. Assim como a evolução da natureza não contrasta com a noção de criação, assim também a evolução pressupõe a criação de seres que evoluem. Portanto, não há contradição entre a aceitação da ideia científica da evolução e a afirmação da criação do universo por Deus.

2.2 A criação em vista da encarnação do Filho de Deus

Pensadores clássicos do pensamento cristão refletiram em profundidade questões acerca da criação do mundo e da encarnação do Filho de Deus. Por exemplo: Por que Deus criou o universo? Qual é o motivo da encarnação do Filho de Deus em Jesus Cristo?

No tocante à questão da criação responde-se, predominantemente, que Deus criou o mundo porque quis manifestar-se *ad extra*, para fora de Si mesmo, por pura e absoluta gratuidade do amor. No entanto, salientamos que, para Duns Escoto, a suprema comunicação *ad extra* de Deus não se dá na criação, mas na encarnação do Seu próprio Filho. Pode-se, então, pensar que Deus criou o cosmo para viabilizar a Sua encarnação em Jesus de Nazaré?

Então, por que Deus se fez humano em Jesus Cristo? Antes de tudo, notamos que não pode haver maior paradoxo à razão humana do que dizer que o Deus experimentado e vivido pelo Cristianismo não é somente o Deus transcendente, eterno e infinito, mas é também o Deus que Se autocomunica, por Sua livre-graça, na pequenez e na fragilidade de uma criança. Como entender que esse homem, Jesus de Nazaré, é ao mesmo tempo Deus? Isso é um escândalo para os judeus e para todos os que adoram e veneram um Deus totalmente inobjetivável.

Por isso, ao se colocar a questão sobre o porquê da criação do mundo, indaga-se também o motivo da encarnação do Verbo Eterno. Existe, então, de fato, uma relação entre a criação e a encarnação? Onde se fundamenta a decisão divina de encarnar-se em Jesus Cristo? Teria o Verbo se encarnado simplesmente para resgatar a humanidade do pecado? Qual é a relação entre a encarnação do Filho de Deus e o pecado do homem?

Essas questões são muito pertinentes, uma vez que teólogos de renome, como Santo Tomás de Aquino, são do parecer de que Deus jamais teria assumido a natureza humana se o homem não tivesse pecado. Nessa perspectiva, a redenção do pecado torna-se a razão primária da encarnação. Em outras palavras, o pecado teria sido o fator determinante do maior evento da história da humanidade: a encarnação do Filho de Deus (BONANSEA, 1991).

Duns Escoto diverge dessa motivação tomista para a encarnação do Filho de Deus. Para o Doutor Sutil, Deus criou o universo tendo primeiramente em mente a Sua maior glória, que é a felicidade plena do ser humano. A beatitude do homem é, portanto, o fim último e a primeira coisa querida por Deus (BONANSEA, 1991). Isso quer dizer que, na perspectiva de Escoto, o Filho de Deus assumiu a condição humana por amor e em vista da maior glória possível ao ser humano, isto é, a felicidade da ressurreição. "Nisto manifestou-se o amor de Deus por nós: Deus enviou seu Filho Único ao mundo para que vivamos por Ele" (1Jo 4,9). Por amor, Deus enviou o seu Filho ao mundo para que Nele e por Ele pudéssemos encontrar a verdadeira vida e felicidade eternas. Em síntese, "Deus amou tanto o mundo, que entregou o seu Filho Único, para que todo aquele que crer nele não pereça, mas tenha a vida eterna" (Jo 3,16).

Para Duns Escoto, a encarnação é um acontecimento que faz parte do eterno plano de amor do Pai. Deus ama primeiramente a Si mesmo, ama a Si mesmo nos outros e quer ser amado infinitamente por um ser fora d'Ele mesmo. Bonansea (1991, p. 55) destaca que "Cristo, o Deus-homem, é o primeiro ser, querido por Deus fora de si mesmo, porque Ele, e Ele somente, pode retribuir-Lhe ao máximo grau possível o amor demonstrado na criação".

Somente é possível saber o quanto e como Deus nos ama em Jesus Cristo, por meio d'Ele encarnado. Para Francisco de Assis, o estábulo (nascimento), a última ceia (lava-pés e Eucaristia) e a morte na Cruz são as expressões concretas do amor de Deus pela humanidade. Portanto, pode-se dizer que a encarnação é o modo como Deus ama; é a maneira específica de amar, como só o Deus de Jesus Cristo pode e sabe amar. Eis por que, na concepção escotista, Jesus Cristo é o centro e a pedra angular de toda a criação e a razão da existência de tudo aquilo que é, que era e que virá.

Na visão teológica e cristocêntrica de Duns Escoto, o Filho teria se encarnado mesmo se o homem não tivesse pecado. Contudo, ao encarnar-se, evidentemente quis a salvação do gênero humano, pois era conveniente que o fizesse por amor a cada pessoa na sua singularidade. A iniciativa de encarnar-se é absolutamente de Deus. Em outras palavras, "Deus quis a encarnação, quis a criação. Quis a criação, porque quis a encarnação. E quis ambas simplesmente porque quis. Por pura, livre e soberana liberalidade" (FERNANDES, 2007, p. 259).

O Filho de Deus se encarnou em Jesus por amor, e por amor Ele aceitou sacrificar voluntariamente a Sua vida oferecendo-a ao Pai como meio para alcançar a glória, à qual havia sido predestinado antes da criação do mundo. Assim, a segunda pessoa da Santíssima Trindade se encarnou, por Sua livre-graça, para demonstrar o profundo amor libertador e salvador de Deus pela humanidade pecadora e para conduzir a criação toda à sua plenitude. No dizer do Papa Francisco, a meta do caminho do universo situa-se na plenitude de Deus, que já foi alcançada por Cristo ressuscitado:

> O fim último das criaturas não somos nós. Mas todas avançam, juntamente conosco e através de nós, para a meta comum, que é Deus, em uma plenitude transcendente onde Cristo ressuscitado tudo abraça e ilumina. Com efeito, o ser humano, dotado de inteligência e amor e atraído pela plenitude de Cristo, é chamado a reconduzir todas as criaturas ao seu Criador (IGREJA CATÓLICA, 2015, 83, p. 68).

Por conseguinte, tanto a criação quanto a encarnação são expressão de uma livre, soberana e amorosa eleição divina. Deus quis, antes de tudo, a pessoa do Verbo encarnado, Jesus Cristo, o Rei do universo. Apregoa Fernandes (2007, p. 263):

> A encarnação não ocorre por causa do pecado, mas é o desígnio primeiro da criação de Deus. O Verbo de Deus se encarnaria, ainda que não fosse preciso fazê-lo como o redentor dos seres humanos. Ele se encarnaria, simplesmente, como o rei do universo.

À luz dos ensinamentos de Duns Escoto, Cristo, o Verbo encarnado, é realmente Aquele que, nas palavras de São João, é o "Alfa e o Ômega, o Princípio e o Fim" (Ap 21,6). Deus, assumindo a natureza humana no mistério da encarnação, eleva a criatura humana à grandíssima dignidade e é sinal evidente do lugar privilegiado que o ser humano ocupa no plano da criação.

Portanto, o Filho de Deus encarnado e ressuscitado é, simultaneamente, o princípio e o fim último da criação. O Filho de Deus é o Primogênito de toda criatura, porquanto "todas as coisas foram feitas por Ele [Verbo] e sem Ele nada se fez de tudo que foi feito" (Jo 1, 1-3). Deus, em sua imperscrutável bondade e sabedoria, criou o universo em vista de Sua plena manifestação em Jesus Cristo. Por isso, o pensamento de Escoto é, sem dúvida, uma inestimável homenagem à absoluta liberdade divina que tudo dispôs conforme Sua vontade amorosa e insondável sabedoria, sem porquê nem para quê.

IV
A dimensão relacional do ser humano na perspectiva franciscana

Neste capítulo, temos por objetivo apresentar alguns aspectos da antropologia franciscana, na perspectiva de Boaventura, Duns Escoto e Guilherme de Ockham. Todavia, damos especial ênfase à visão do ser humano como um composto de corpo-alma-espírito, ao conceito de liberdade como poder de autodeterminação da vontade, bem como à compreensão da pessoa humana como uma individualidade em relação.

1 O que é o ser humano?

A pergunta sobre o que é o ser humano sempre esteve entre os questionamentos mais profundos e complexos do ser humano. É uma pergunta que fascina, causa admiração e preocupação a todos nós. De fato, desde os primórdios da humanidade muitíssimo já se escreveu sobre o homem, porém a pergunta continua de pé: O que é o ser humano? Quem sou eu? Se você tivesse de dizer uma palavra para expressar quem é, qual diria?

O Salmo 8 chama atenção para a grandeza de Deus, para a imensidão do universo e para a incomparável grandeza e dignidade do ser humano. Por um lado, somos insignificantes em relação à magnitude do universo; por outro, tudo está submetido a nós:

Senhor, nosso soberano, como é grandioso teu nome em toda a terra, e tua majestade, que se celebra acima dos céus!

Quando contemplo o céu, obra de teus dedos, a lua e as estrelas que fixaste, o que é o homem para que te lembres dele, o ser humano, para que com ele te ocupes?

Tu o fizeste um pouco inferior a um anjo, Tu o coroaste de glória e esplendor, deste-lhe o domínio sobre as obras de tuas mãos, tudo lhe submeteste debaixo dos pés: as ovelhas e todos os bois e até os animais selvagens, as aves do céu e os peixes do mar, tudo que se move nas águas do oceano. Senhor nosso soberano, como é grandioso teu nome em toda a terra! (Sl 8).

A questão colocada pelo salmista é realmente instigante e enigmática: o que é o homem para que dele vos lembreis? O universo é imenso; no entanto, maior ainda é o homem. Aqui a palavra "homem" não tem o sentido varão, mas de gênero humano, ou seja, aquele que vem do húmus, do pó da terra. No Livro do Gênesis, Javé repreendeu Adão: "Comerás o pão com o suor do teu rosto, até voltares à terra, donde foste tirado. Pois tu és pó e ao pó hás de voltar" (Gn 3,19). Cada ser humano, varão ou mulher, tem a mesma dignidade. O homem, fragmentozinho da criação, é, paradoxalmente, de tal grandeza que escapa das possibilidades de compreensão do humano. É grande a dignidade humana, porém, nos lembra Santo Agostinho, infinitamente maior é o Senhor: "Sois grande, Senhor, e infinitamente digno de ser louvado. É grande o vosso poder e incomensurável a vossa sabedoria. O homem, fragmentozinho da criação, quer louvar-Vos" (AGOSTINHO, 1990, p. 23).

Provavelmente, nunca se estudou tanto a questão do homem quanto em nossa época. Contudo, apesar de tantos estudos especializados, resulta que não temos uma ideia unitária acerca dele. Em contrapartida, observa Edgar Morin (2016, p. 59), na atualidade, temos mais consciência da complexidade da realidade humana do que em épocas anteriores:

> O ser humano é um ser racional e irracional, capaz de medida e desmedida, sujeito de afetividade intensa e instável. Sorri, ri, chora, mas sabe também conhecer com objetividade; é sério e calculista, mas também ansioso, angustiado, gozador, ébrio, estático; é um ser invadido pelo imaginário e pode reconhecer o real, que é consciente da morte, mas não pode crer nela; que é possuído pelos deuses e ideias, mas que duvida dos deuses e cria as ideias, nutre-se dos conhecimentos comprovados, mas também de ilusões e quimeras.

Francisco de Assis também não foi indiferente à pergunta acerca do sentido da vida humana no mundo. Em decorrência disso, de joelhos em oração, com o rosto e as mãos levantados para o céu e com fervor de espírito, suplicava: "Quem és Tu, ó dulcíssimo Deus meu, e quem sou eu, vilíssimo verme e teu inútil servo?" (I Fior 53, 3). Sem dúvida, Francisco não está se subestimando, mas compreende-se como ínfimo e inútil servo diante da incomensurável grandeza de Deus.

Nas reflexões que seguem acerca da dimensão relacional do ser humano, veremos que a antropologia franciscana diferencia-se diametralmente da compreensão do homem como um sujeito de natureza racional, emancipado e fechado em si mesmo. Na concepção antropológica franciscana, o ser humano não existe verdadeiramente "a partir de si" e "para si", mas "a partir de Deus" e "para o outro" (AZEVEDO, 2003).

2 A antropologia relacional de Boaventura

René Descartes (1596-1650), o pai do pensamento moderno, compreendia o ser humano a partir de sua capacidade de pensar (*co-*

gito, ergo sum). O homem é, predominantemente, um ser pensante (*res cogitans*). Seu corpo, como tudo quanto é material, pertence a outra categoria de substância (*res extensa*). Contudo, na visão de Boaventura, o ser humano não se reduz a uma substância pensante, nem à materialidade do seu corpo, tampouco a uma peça da engrenagem cósmica. Para o místico franciscano, o ser humano é um composto de corpo e alma, finito e infinito, temporal e espiritual, individual e relacional.

2.1 A complexidade do ser humano: corpo-alma-espírito

O mestre franciscano não tem uma visão fragmentada da realidade humana. Para Boaventura, a alma não é prisioneira "no cárcere do corpo", mas integrada ao corpo. Incorporada, a alma sente e relaciona-se com o mundo exterior por meio do corpo, e este necessita ser vivificado pela alma espiritual. Com efeito, para superar o dualismo corpo e alma, Boaventura não propõe uma lógica de tipo associativo, que fala de corpo e alma unidos, porque, nesse caso, se conservaria a ideia de duas substâncias distintas que convivem uma ao lado da outra. Ele não compreende o ser humano como soma de partes, mas como um todo unitário, composto por um corpo que vive de um respiro espiritual e de uma alma encarnada. O ser humano não tem corpo e alma, mas é corpo e alma. O ser humano é uma totalidade complexa, uma sinfonia de múltiplas dimensões:

> Quando dizemos "totalidade", significa que nele não existem partes justapostas. Tudo nele se encontra articulado, formando um todo orgânico. Quando dizemos "complexa", significa que o ser humano não é simples, mas sinfonia de múltiplas dimensões que coexistem e se interpenetram (BOFF, 2011, p. 60).

Assim sendo, o corpo é elemento essencial do ser humano. Sem ele, o homem não poderia alimentar-se, reproduzir-se, aprender, comunicar-se, divertir-se. Uma das principais funções do corpo é "mundanizar" o homem, isto é, fazer dele um ser no mundo, pois é por obra do corpo que o homem faz parte do mundo e se conecta com a natureza, com a sociedade, com os outros e com a sua própria realidade cotidiana.

Nesse sentido, o ser humano conhece o universo a partir do corpo. De acordo com Boaventura, "este mundo sensível, chamado 'macrocosmo' – isto é, grande mundo – penetra em nossa alma, denominada 'microcosmo' – ou seja, pequeno mundo – pela porta dos cinco sentidos" (Itin 2, 2). Graças à visão, à audição, ao olfato, ao paladar e ao tato, o ser humano conecta-se com todo o universo. Por isso, observa Boaventura, "grande é a dignidade do corpo pela admirável harmonia e pela conjunção proporcional de suas partes". Desta maneira, o complexo humano, corpo e alma, não vive isolado do todo, mas é parte de um organismo vivo no qual todos os seres são interdependentes, conforme observa Fritjof Capra (2002, p. 23):

> Não existe nenhum organismo individual que viva em isolamento. Os animais dependem da fotossíntese das plantas para ter atendidas as suas necessidades energéticas; as plantas dependem do dióxido de carbono produzido pelos animais, bem como do nitrogênio fixado pelas bactérias em suas raízes; e todos juntos, vegetais, animais e microrganismos, regulam toda a biosfera e mantêm as condições propícias à preservação da vida.

Aprofundando e ampliando o que já dissemos, o ser humano é um todo unitário, corpo e alma, e esta se constitui de três potencialidades: memória, intelecto e vontade, as quais, em última instância, podem ser reduzidas a duas: vontade e intelecto. No entanto, ressalta Bento XV, não existe o intelecto e depois, a vontade; não existe a inteligência e, a seguir, o amor. O que existe é amor rico em inteligência e inteligência impregnada de amor:

> O conhecimento que nos vem dos sentidos e da inteligência reduz, mas não elimina, a distância entre o sujeito e o objeto, entre o eu e o tu. O amor, pelo contrário, suscita atração e comunhão, a ponto de se produzir uma transformação e uma assimilação entre o sujeito que ama e o objeto amado. Esta reciprocidade de afeto e de simpatia permite um conhecimento muito mais profundo do que o que se alcança pela razão. Assim se explica uma célebre expressão de Guilherme (de Saint-Thierry): *"Amor ipse intellectus est"*, "o amor é por si mesmo um princípio de conhecimento". [...] Sem certa simpatia não se conhece nada nem ninguém (*apud* NÚÑEZ, 2016, p. 274).

No que se refere à dimensão espiritual do ser humano, é importante ainda salientar que a alma humana, auscultando a si mesma, percebe que emergem de sua interioridade apelos de compaixão e de comunhão com os outros e com o grande Outro que as tradições espirituais e religiosas chamam Deus, ou Espírito. Por conseguinte, a espiritualidade é um modo de ser permeado pelo Espírito que habita nas profundezas da alma e, por isso, é uma atitude de vida integrada ao todo, pois nada é obstáculo ao Espírito para permear todas as coisas. Capra (2002, p. 81) expressa isso da seguinte maneira:

> A experiência espiritual é uma experiência de que a mente e o corpo estão vivos numa unidade. Além disso, essa experiência da unidade transcende não só a separação entre mente e corpo, mas também a separação entre o eu e o mundo. A consciência dominante nesses momentos espirituais é um reconhecimento profundo da nossa unidade com todas as coisas, uma percepção de que pertencemos ao universo como um todo.

Essa noção de espiritualidade é, de alguma forma, corroborada pela física quântica e pela filosofia. A teoria quântica permite a união das aparentes polarizações como a ciência e a arte, a física e a metafísica, fé e razão, racional e irracional. Ela mostra a necessidade de ver o mundo como um todo indiviso, cujas partes se unem numa totalidade. E, a propósito da complexidade humana, afirma Edgar Morin (2015, p. 140):

> O indivíduo não é apenas uma pequena parte da sociedade, o todo de sua sociedade está presente nele, na linguagem, na cultura. Um indivíduo não é apenas uma pequena parte da espécie humana. O todo da espécie está presente nele, em seu patrimônio genético, em cada célula; está presente até mesmo em sua mente, que depende do funcionamento do cérebro. O ser humano é simultaneamente biológico, psíquico, cultural, social, histórico.

A percepção de que fazemos parte da imensa comunidade cósmica dá um profundo sentido espiritual à nossa vida, pois, como seres espirituais, sentimo-nos no fluxo de uma energia que empapa todo o universo e nos transcende infinitamente. Espiritualidade é uma experiência do Espírito que habita em nosso interior, que nos faz experimentar a realidade como um todo. Como bem escreveu Boff (2006, p. 43):

> Espiritualidade tem a ver com experiência, não com doutrina, não com dogmas, não com ritos, não com celebrações, que são apenas caminhos institucionais capazes de nos ajudar a alcançá-la, mas que são posteriores a ela. Nasceram da espiritualidade, podem até contê-la, mas não são a espiritualidade.

Portanto, o ser humano é um ser relacional graças ao Espírito de Deus, que paira, desde o início da criação, sobre todas as coisas, sobretudo no mais íntimo do ser humano. Graças à presença do Espírito em nossa interioridade mais íntima, podemos superar continuamente nossos limites e nos conectar com a totalidade dos seres. A atuação mais nobre da alma espiritual é a ação de amar. Por isso, a pessoa, corpo-alma-espírito, experimenta a perfeita alegria no amor, o qual só é possível entre pessoas espirituais.

2.2 A pessoa: uma individualidade em relação

Primeiramente, consideramos a origem etimológica do termo "pessoa". Em grego, pessoa corresponde à palavra *prosopon* e, em latim, *persona*, que, traduzidas, significam a máscara usada pelos autores na representação de tragédias, comédias e peças teatrais. Na Grécia Antiga, a máscara indicava a "personagem" que era representada pelos autores: um rei, um palhaço, um camponês, uma professora etc.

O conceito de pessoa como relação foi elaborado pelos primeiros teólogos cristãos, especialmente por Santo Agostinho, em seu tratado sobre *A Trindade*. Nessa obra ele afirma que em Deus temos a relação de três pessoas numa única natureza: "Cada uma das Pessoas divinas [o Pai, o Filho e o Espírito Santo], está em cada uma das outras, e todas em cada uma, e cada uma está em todas, e todas são somente um" (AGOSTINHO, 2005, p. 231).

Boaventura, na esteira de Agostinho, também apregoa que Deus é essencialmente relação: "Na unidade de natureza há três pessoas, o Pai, o Filho e o Espírito Santo" (Brev 2, 2). De modo que há uma íntima relação de comunhão de vida entre as três pessoas, sem que cada uma perca a sua individualidade. Cada pessoa é uma individualidade irredutível, porém está sempre em comunhão com um tu e, numa doação recíproca, formam uma relação nova, que é o nós.

Ainda, na visão de Boaventura, Deus cria o homem à Sua imagem e semelhança. Destarte, a relação é também um constitutivo essencial da pessoa humana. Desde o primeiro aparecimento do ser humano sobre a Terra, viver é conviver, visto que ninguém pode, sozinho, realizar plenamente o projeto de existir. Sem dúvida, coexistir não é uma das tantas possíveis escolhas do ser humano, pois não estamos simplesmente rodeados de seres e de coisas com os quais podemos ou não entrar em relação segundo nossa decisão. O ser humano é ontologicamente relação. Entretanto, a relacionalidade humana se distingue da dos animais: enquanto os animais se relacionam de forma instintiva, o homem relaciona-se livre e conscientemente.

Entretanto, ao enfatizar a dimensão relacional do ser humano, Boaventura diverge, fundamentalmente, de Severino Boécio e de Tomás de Aquino, que definem a pessoa pela racionalidade. Para Boécio, por exemplo, "a pessoa é uma substância individual de natureza racional". Já na visão de Tomás de Aquino, "pessoa significa o subsistente de natureza racional" (*apud* RAMPAZZO, 2014, p. 64).

Boaventura explicita o seu conceito de pessoa em *Questões disputadas sobre o mistério da Trindade*, onde afirma que "a pessoa define-se pela substância ou pela relação; se se define pela relação, a pessoa e a relação são conceitos idênticos" (*apud* ROSA, 2007, p. 286). Além disso, no *Primeiro comentário aos quatro livros de Sentenças de Pedro Lombardo*, o místico franciscano revela que "a pessoa é para o outro e, por conseguinte, é ela que exprime a relação. [...] A relação não é na pessoa um acidente" (*apud* ROSA, 2008, p. 286-287), mas uma característica essencial.

Além disso, é muito importante salientar que, em sua concepção antropológica, Boaventura está em sintonia com Francisco de Assis, que, em sua forma de vida, também se inspirou em Deus-Comunhão de Pessoas. Ao escrever *Regra e vida* dos Frades Menores, o Pobre de Assis começa-a invocando a Santíssima Trindade: "Em nome do Pai e do Filho e do Espírito Santo" (RnB 1). Com essa invocação inicial

Francisco quis dizer que a vida e a regra franciscana não têm sua origem nele mesmo, mas em nome do Pai, do Filho e do Espírito Santo. Ou seja, o ponto de partida, o espelho e a destinação última da experiência de fraternidade e pensamento franciscano é Deus-Comunhão de Pessoas. A esse propósito, afirma Fassini (2005, p. 28):

> A inspiração que sempre deve iluminar os passos dos seguidores de Francisco será, tão só e unicamente, o Deus-Comunhão de Pessoas, diferentes na unidade, e unidas na diversidade; é o Pai que, através do Filho e pelo Espírito Santo, de mil e uma forma, em caminhos inefáveis, sempre de novo e de forma nova, se oferece aos seus eleitos para torná-los familiares e domésticos seus.

A fraternidade franciscana não é soma de indivíduos, mas encontro de pessoas singulares. Por isso, Francisco tinha um respeito especial pelo caráter único de cada pessoa na fraternidade, tanto que, quando lhe pediram para descrever o perfil ideal de um frade, destaca uma característica de cada membro dela. Talvez com isso Francisco quis dizer que ninguém alcança a perfeição vivendo fora da fraternidade. Então, por um lado temos a valorização de cada um e, por outro, a relação de complementaridade que fortalece e qualifica a vida de todos. Assim, ponderando sobre as qualidades e virtudes que um frade deveria ter, ressalta

> a fé de Frei Bernardo, [...]; a simplicidade e a pureza de Frei Leão, [...]; a cortesia de Frei Ângelo, [...]; o aspecto gracioso e o senso natural com a conversa agradável e devota de Frei Masseu; a mente elevada em contemplação que Frei Egídio teve até a máxima perfeição; a virtuosa e constante oração de Frei Rufino, [...]; a paciência de Frei Junípero, [...]; o vigor corporal e espiritual de Frei João di Lodi, [...]; a caridade de Frei Rogério; e a solicitude de Frei Lúcido (2EP 85, 3).

Contudo, Boaventura, ao dar maior ênfase à dimensão relacional da existência humana e, portanto, à fraternidade, sob a inspiração de São Francisco, não ignora a individualidade de cada pessoa. Na verdade, pessoa também quer dizer autonomia no ser, domínio de si mesmo, inviolabilidade, individualidade, incomunicabilidade e unicidade. Nessa perspectiva, reitera Eloi Leclerc (2000, p. 62), Francisco via cada pessoa em sua concretude existencial:

> Cada irmão era um ser singular, uma pessoa única. Dele se disse que a árvore lhe ocultava a floresta, e sem dúvida foi o mais belo elogio que dele se podia fazer. Ele não via as pessoas em geral, o coletivo humano, mas o indivíduo, a pessoa viva, concreta, com sua história singular, sua fisionomia própria, sua vocação original.

Por fim, mediante o exposto, ressaltamos que a pessoa, como um eu consciente e livre, constrói a sua identidade na abertura e relação com a alteridade do outro. Nessa perspectiva, com muita propriedade, a filósofa contemporânea Edith Stein (*apud* RUS, 2017, p. 122), diz que a "ipseidade [da pessoa] é demarcada em relação à alteridade do outro". Contudo, salientamos que cada pessoa possui um ato próprio de ser, um ser próprio, individual, único, que não pode ser violado por outros.

3 Elementos da antropologia de João Duns Escoto

Na visão antropológica de João Duns Escoto, cada pessoa é, essencialmente, uma singularidade única, incomunicável, e um ser-em-comunidade. Cada indivíduo constrói o seu projeto de vida, livremente, de acordo com a sua natureza. A essência da liberdade repousa na capacidade de autodeterminação da vontade.

Para Escoto, vontade e intelecto não são duas manifestações paralelas, mas, sim, intimamente unidas e interdependentes de uma mesma realidade ontológica, a saber, a alma humana. Se é verdade que não amamos para conhecer, mas conhecemos para amar, não é menos verdade que não podemos querer e amar senão aquilo de que previamente temos algum conhecimento. No entanto, para o Doutor Sutil, existe uma certa primazia da vontade sobre o intelecto.

3.1 Relação entre vontade e intelecto

Duns Escoto tem o mérito de ter demonstrado, sutilmente, a diferença entre natureza e liberdade, ou seja, entre operar natural e operar livre. Ele ressalta que todo e qualquer princípio de ação é natural ou livre. O intelecto, para Escoto, é um tipo de princípio de operação natural (*per modum naturae*), enquanto a vontade opera com liberdade. O intelecto tende por natureza ao conhecimento, tal como a vista, na presença de um objeto luminoso e suficientemente próximo, reage por necessidade de natureza à ação causal desse objeto. Com efeito, o ato cognoscitivo, como operação natural, não depende da vontade, porém esta depende de certo conhecimento prévio do objeto do seu querer. O ato da vontade pressupõe um ato do intelecto, não sendo, portanto, cego e arbitrário. O intelecto sinaliza à vontade o melhor que ela poderia fazer, pois não pode querer o que desconhece totalmente (CEZAR, 2010).

Na visão de Escoto, mesmo que o intelecto mostre à vontade que algo é bom, é ela que escolhe se quer ou não esse bem. Isso significa que, mesmo sabendo onde está o bem maior, a vontade pode não o querer, pois, se a vontade não agisse livremente em relação ao intelecto, mas determinada por ele, seu ato não seria da vontade, mas do intelecto (CEZAR, 2010).

Por outro lado, também o intelecto é autônomo em relação à vontade, ou seja, a vontade não é capaz de determinar o ato do intelecto. No entanto, a vontade é capaz de orientar a atenção do intelecto para isso ou aquilo. Assim sendo, inclusive a razão está, num certo sentido, à mercê da vontade. Por conseguinte, "a ignorância do bem nem sempre é desculpável. Muitas vezes um bem maior é ignorado, porque a vontade quer que seja ignorado, e quer isto porque ama mais um bem menor do que o bem maior" (CEZAR, 2010, p. 42-43).

O Doutor Sutil reconhece que o ser humano tem uma inclinação natural para realizar as suas potencialidades e, portanto, tende naturalmente à sua plena realização e felicidade. Contudo, a vontade também é livre em relação às inclinações naturais. Para Escoto, a vontade não é determinada nem pela razão nem pelas inclinações naturais. É fato que, apesar de nossa inclinação natural para a autopreservação, o autodesenvolvimento e a felicidade, somos capazes de renunciar à própria existência e à vida feliz (CEZAR, 2010).

Em síntese, para o Doutor Sutil, a vontade possui a primazia sobre as demais potências da alma (memória, intelecto, paixões, sentimentos). Entretanto, não se pode falar de voluntarismo nem de intelectualismo, em Escoto, porque a vontade não exclui a reta razão. Intelecto e vontade sempre concorrem simultaneamente em nossas ações. De modo que ao enfatizar o primado da vontade, pretende-se dizer que nada está mais em nossas mãos do que a vontade e que recai sobre a vontade o maior peso de nossas decisões (CEZAR, 2010).

Portanto, cada pessoa é um sujeito que tem consciência de si e da realidade e se autodetermina livremente. Esse poder de autodeterminação constitui a diferença fundamental entre a vontade e o intelecto e aqui também repousa a essência da liberdade humana. Enfim, não existe bem maior do que conhecer Deus para amá-Lo, e o amor pressupõe a liberdade da vontade. Por isso, a vontade livre tem a primazia sobre o ato do intelecto.

3.2 A essência da liberdade humana

Para Duns Escoto, a liberdade não consiste essencialmente no poder de escolha entre duas coisas ou dois modos de agir, mas, sim, em poder determinar a si mesmo. Logo, não se pensa a liberdade em função dos seus objetos, mas como algo de "anterior" a essa relação extrínseca (BONANSEA, 1991). Assevera Escoto: "A vontade é essencialmente livre" porque "tem o poder de autodeterminar-se" e quando "tem total controle sobre os seus atos" (*apud* BONAN-SEA, 1991, p. 64). Por isso, a vontade não é livre porque escolhe, pois nem todas as nossas escolhas são livres. A liberdade essencial é anterior à escolha, porém quem é livre também sempre escolhe. A vida é feita de escolhas.

A essência da liberdade repousa na vontade e, parafraseando Santo Agostinho, nada está mais em nossas mãos do que a boa vontade. Boa vontade é querer para valer, é ação sem coação de fora. Então, depende de nossa boa vontade usufruir ou ser privado de tão precioso e verdadeiro bem. Pergunta-se Santo Agostinho (1995, p. 57):

> Com efeito, haveria alguma coisa que dependa mais de nossa vontade do que a própria vontade? Ora, quem quer que seja que tenha esta boa vontade, possui certamente um tesouro bem mais preferível do que os reinos da terra e todos os prazeres do corpo. E ao contrário, a quem não a possui, falta-lhe, sem dúvida, algo que ultrapasse em excelência todos os bens que escapam a nosso poder.

Por conseguinte, nem toda a escolha é livre, porém quem é livre escolhe sempre e necessariamente de acordo com a sua natureza. Por exemplo, Deus escolhe livre e necessariamente de acordo com a Sua natureza. A natureza divina é de amor e bondade e, por isso, Ele não pode escolher não amar e o amor pressupõe liberdade. De maneira que, na concepção escotista, a liberdade é, essencialmente, capacidade de autodeterminação da vontade, compatível com a necessidade. Disso conclui-se que a liberdade é poder autodeterminar-se a fazer o que deve ser feito, de acordo com a lei natural de cada ser humano.

Cada pessoa deve escutar a si mesma, a "sua alma" – diria Francisco de Assis –, e agir em conformidade com a sua natureza.

Outro nome para liberdade é autonomia. Autônomo (do grego *autòs* + *nomos*), é alguém capaz de dar leis a si mesmo e, por isso, uma pessoa em condições de livremente abraçar uma determinação, uma norma. Quando eu aceito, com lucidez e livremente, uma determinada proposta, eu a interiorizo, isto é, transformo-a numa lei que passa a ser também a minha lei. O preceito, então, é mais do que uma lei externa, mas uma ordem que, livremente, damos a nós mesmos.

Por conseguinte, não entendemos autonomia no sentido usual de independência, de emancipação e autossuficiência. Autonomia significa colocar-se em pé por si mesmo e a partir de si mesmo; autonomia é cada um construir a sua história em conexão com a sua própria essência e com plena atenção ao momento presente. A propósito, transcrevemos uma lenda japonesa que pode nos ajudar a entender a atitude na qual o homem se dispõe totalmente numa ausculta obediencial para o que pode e deve ser feito em cada situação:

> Conta uma legenda japonesa que o famoso guerreiro do antigo Japão, Kussunoki Massashige, celebérrimo pela sua inteligência e pelos seus lances geniais de estratégia, já em sua infância vivia no meio dos guerreiros. Uma vez, no castelo de seu pai, observava os guerreiros que, reunidos ao redor de um enorme sino de bronze suspenso por uma armação de grossas madeiras, estavam apostando quem deles conseguiria pôr em movimento o sino, que pesava toneladas. Mas nenhum deles, mesmo os mais hercúleos, conseguia mover o sino, nem sequer por um milímetro, por mais ímpeto e violência que empregasse. O menino assistia a tudo isso com muito interesse. De repente, oferece-se para mover o sino e lhes pergunta se pode usar todo o tempo de que necessita para tal empreendimento. Meio zombeteiros, meio admirados, mas achando graça, os guerreiros o desafiam a realizar o seu propósito. O menino cola todo o

seu "corpo" ao sino e, sem pressa, sem ânsia, suavemente, mas com toda a possibilidade de seu pequenino "corpo", empenha-se "corpo" a "corpo", ele todo e inteiro, a empurrar o sino com o seu exíguo e finito "corpo" até onde pode e solta, empurra e solta, como que sondando o tempo do sino, cordialmente, sempre de novo e sempre novo; como que recebendo e dando parte do sino e parte de si, em uma simbiose, em um intercâmbio amigo, por horas a fio. E pouco a pouco, de início imperceptivelmente, mas depois visivelmente, o enorme sino começa a balançar [...] (HARADA, 2016, p. 365).

Nessa lenda destaca-se o interesse do menino em fazer balançar o sino; para realizar o seu propósito, cola nele todo o seu corpo e, com toda a possibilidade deste, empurra e solta o sino, sempre de novo, até que o sino começou a balançar. Essa atitude de empenhar-se de corpo e alma, totalmente livre de ocupações prévias e com atenção plena para fazer o melhor que pode e o melhor possível nas diferentes situações da vida, é um modo de ser da essência da liberdade humana, como autonomia, isto é, como poder de autodeterminação da vontade.

O pensador franciscano Pedro João Olivi (1225-1274), alinhado com a tradição filosófica e teológica franciscana, também defende a tese de que a essência da liberdade humana repousa no poder de autodeterminação da vontade. Para ele, "a vontade é, definitivamente, a última mola de toda nossa vida interior" (MERINO, 2006, p. 201-202). A vontade é, em última instância, autodomínio não só em relação à razão, mas também aos afetos e sentimentos.

Enfim, o homem livre não é mero produto de suas relações sociais, nem é um "caniço" agitado pelo vento. Ser livre é ter autodomínio, autocontrole e resiliência. Ser livre é ser senhor de si mesmo para decidir o que fazer com o que os outros querem fazer de nós e com o que querem que façamos; somos livres para escolher como responder às intempéries da vida.

Portanto, o ser humano ocupa um lugar privilegiado no mundo graças à sua capacidade cognoscitiva e, sobretudo, ao seu poder de autodeterminação. A razão é inegavelmente maravilhosa, porém a vontade tem o primado, porque é a sede da liberdade. A liberdade é a prerrogativa que mais nos assemelha a Deus, e Ele nos concedeu o grande bem da liberdade da vontade para que pudéssemos fazer o bem, ter mérito no bem que fazemos livremente e ser responsáveis pela construção de nossa existência.

3.3 A singularidade de cada pessoa: a haecceitas

Uma expressão que ocorre frequentemente na obra de João Duns Escoto é que a pessoa é "solidão última" (*ultima solitudo*). Afirma, por exemplo, em *Ordinatio III*: "A pessoa é uma solidão derradeira – *persona est ultima solitudo*" (*apud* ROSA, 2008, p. 281). Aqui, Escoto não está afirmando a independência ontológica de cada pessoa, mas, na esteira da tradição filosófica e teológica franciscana, acentua que cada indivíduo é um mistério insondável, único e irrepetível. A solidão última é aquele "espaço interior" no qual a pessoa, livre de todos os condicionamentos externos, encontra-se só consigo mesma. Cada pessoa, no espaço de sua interioridade mais íntima, tem a intransferível tarefa de decidir sobre o seu próprio ser e o sentido de sua existência (ROSA, 2008).

No modo singular de ser-no-mundo, cada ser humano experimenta uma profunda solidão diante da responsabilidade de dar um sentido ao seu projeto existencial. Cada um sente-se indescritivelmente só nos momentos em que deve tomar decisões cruciais, sobretudo diante do chamado a dar um sentido plenamente humano à vida:

> Estamos sozinhos diante da responsabilidade pelo próprio projeto existencial, diante do chamado a dar um sentido plenamente humano ao nosso tempo, diante

da dor quando esta desce até a alma como a névoa do outono (MORTARI, 2018, p. 44).

Alguns historiadores da filosofia chegam a considerar Escoto um dos predecessores da moderna viragem para a subjetividade, ou seja, para o "eu pensante e subsistente" de Descartes. O fato é que Escoto, sem desconsiderar a dimensão relacional da existência humana, valoriza a singularidade de cada pessoa. Também de acordo com Guilherme de Ockham, a radical singularidade de cada ser humano é irredutível a uma essência comum. O que cada pessoa é, essencialmente, sem ingerências externas, nenhum outro é, nem pode ser. Essa singularidade ontológica, que imita a individualidade das três Pessoas divinas, é designada por ele pelo conceito de *haecceitas*:

> A diferença individual ou "*heceidade*" (*haecceitas*) é uma característica ontológica positiva, que imita a infinita individualidade divina. Graças a ela é que cada ser é único, independentemente da natureza que compartilhe com o gênero ou espécie a que pertence (NÚNEZ, 2016, p. 212).

A *haecceitas* (*hecceidade*) significa a qualidade de um objeto em particular, o que faz com que seja esse objeto. A maneira própria de ser de cada pessoa, a *hecceidade*, se manifesta em todos os seus atos e em cada instante do seu vir a ser. Sem dúvida, o conceito de *hecceidade* é uma das grandes contribuições de Escoto para a história da filosofia. Por exemplo, a filósofa contemporânea Luigina Mortari (2018, p. 45) está perfeitamente alinhada com esse conceito ao dizer que "cada singularidade é um acesso originário ao mundo, um acesso que faz com que cada um se sinta único, mesmo estando entre outros". Contudo, a singularidade de cada pessoa é "algo" incomunicável, pois é um mistério que escapa à possibilidade de uma compreensão humana exaustiva. É um mistério, visto que, como diz Edith Stein, "a ideia de mistério implica que o conhecimento natural não seja capaz de acessá-la" (*apud* RUS, 2017, p. 135).

Por conseguinte, no empenho de compreender a singularidade que é própria do outro, corre-se o risco de tirar do outro aquilo que lhe é próprio. Por mais que alguém se empenhe a conhecer o outro, aquilo que o outro é essencialmente, foge sempre de qualquer forma de pensamento. Assim sendo, "a busca por compreender o outro é sempre infinita, jamais completável" (MORTARI, 2018, p. 195). Por outras palavras, nenhuma teoria, por mais bem formulada que seja, pode conter a alteridade do outro. Consequentemente, é infinita a busca por compreender o outro, bem como deve-se pensá-lo "a partir da ideia de infinito" (2018, p. 195). Isso significa, pensá-lo totalmente livre de preconceitos e de esquemas mentais já preestabelecidos. Para Mortari (2018, p. 194),

> é necessário pensar no outro a partir da ideia de infinito: se o infinito é algo que resiste a qualquer forma de encapsulamento cognitivo, então pensar no outro a partir dessa perspectiva significa encontrar condições para protegê-lo do poder dos nossos discursos.

Compreender o outro dentro de formas generalizantes de pensamento preconcebidas não significa compreendê-lo na sua singularidade própria. Deve-se, então, manter sempre a mente livre e maximamente receptiva da alteridade do outro porque sua essência individual é um grande mistério. Por isso, é necessário "compreender o outro como infinito", isto é, "concebê-lo e mantê-lo como transcendente, evitando aprisioná-lo dentro dos nossos próprios dispositivos epistêmicos" (MORTARI, 2018, p. 194).

Entretanto, é importante salientar que Duns Escoto, ao enfatizar a singularidade de cada pessoa, não subvaloriza a dimensão relacional da existência humana. Pelo contrário, para o pensador franciscano, essa dimensão é um constituinte próprio da nossa dimensão ontológica. O ser humano é essencialmente ser-em-comunidade. Cada indivíduo vive, sente e age pela comunidade e esta se expressa por meio de cada um dos seus membros. Essa interação indivíduo-comunidade é expressa belamente por Edith Stein (*apud* RUS, 2017, p. 128) nos seguintes termos:

> O indivíduo vive, sente e age como membro da comunidade; e, sendo assim, a comunidade vive, sente e age nele e por meio dele. Mas, quando se torna consciente de sua vivência ou reflete sobre ela, não é a comunidade que está ciente do que ela vive, mas é o indivíduo que se torna consciente do que a comunidade vive nele.

Na solidão última ou no espaço sagrado da interioridade, descobrimos que "a nossa estrutura ontológica é essencialmente relacional, no sentido de que o nosso ser-aí vem a ser através das relações com os outros" (MORTARI, 2018, p. 47). A interioridade não é um espaço físico, mas é o espaço do nada do mistério, que deixa o diferente ser diferente sem perda de unidade. Só o homem é interioridade, conforme explica Carneiro Leão:

> A interioridade não diz simples interior nem mero estar dentro em oposição a estar fora, seja de si ou de outro. As pedras possuem interior e estão ao lado de outras coisas, junto com animais, plantas e homens, no mundo. E no entanto não são interioridade. É que, com a pedra, os sintagmas "em", "ao lado de", "junto a", "com" exprimem mera relação transitiva entre coisas, enquanto interioridade, incluindo o relacionamento com a totalidade, exige como condição de sua possibilidade o Nada do Mistério. Interioridade é a abertura para a totalidade de todas as diferenças sem perda de unidade. É que esta abertura se abre na irrupção do horizonte de diferenciação próprio da interioridade. Por isso só o homem é interioridade (*apud* BUZZI, 1977, p. 13).

Portanto, pode-se inferir dessa citação que a solidão, o deserto interior, longe de ser uma solidão de isolamento, é uma solidão de encontro. Na interioridade humana perfaz-se a obra do encontro, institui-se a comunidade ou a convivência fraterna, reconduzem-se todos os seres à identidade de suas diferenças.

Em síntese, a interioridade está indissoluvelmente ligada à alteridade, num duplo sentido vertical e horizontal, ou melhor, na correlação entre o divino, o humano e o inter-humano. À medida que o ser humano mergulha na interioridade abissal do seu próprio ser e se reconecta com a verdade mais originária, mais ampla e profunda de si mesmo, ele se reconhece ontologicamente como abertura, relação, comunicação e comunhão. Na última solidão, a pessoa humana experimenta e vive o mistério de si mesma, de cada pessoa, de todos os seres humanos e com eles se relaciona e se comunica (MERINO; FRESNEDA, 2006).

4 A valorização do indivíduo no nominalismo de Ockham

Guilherme de Ockham (1285-1349), na esteira dos pensadores da Escola Franciscana, defendeu intensamente a liberdade subjetiva do homem como direito natural, dada por Deus. Ele defendia que cada pessoa possuía o direito de escolher entre o sim e o não, entre aquilo que era ou não conveniente. Por isso, contestava os poderes tirânicos, porque serviriam apenas para corromper a liberdade subjetiva. Na visão de Ockham, o ser humano é tão livre que sequer o máximo bem lhe pode ser imposto.

No entanto, temos aqui por escopo apresentar sumariamente a solução de Ockham à "questão dos universais". Essa questão suscitou acirradas discussões ao longo da Idade Média e pode-se resumi-la nos seguintes termos: a realidade é mutável e os conceitos imutáveis; a realidade é múltipla e os conceitos unos; a realidade constitui-se de objetos singulares e os conceitos são universais. Pergunta-se, então: Os conceitos universais são coisas ou meras palavras e qual é a relação entre os conceitos e a realidade dos objetos particulares?

Guilherme de Ockham propôs como resposta à referida questão a doutrina do nominalismo, segundo a qual "nenhum universal é uma substância fora da alma" e "nenhuma substância singular, portanto, é algo universal, mas toda substância é numericamente una e singular" (OCKHAM, 1999, p. 161). Isso equivale a dizer que aos conceitos universais não corresponde nada de universal fora da mente. Extramente somente existem substâncias singulares.

Por conseguinte, no dizer de Muller (1999, p. 50), Ockham "nega a existência de um fundamento do universal enquanto tal na natureza das coisas: é impossível que o universal corresponda a qualquer substância extramental, porquanto tudo que existe é singular e uno numericamente". O conceito universal, portanto, não é algo que subsiste em si mesmo, como uma essência comum de uma coletividade de indivíduos, mas é uma mera representação mental.

De acordo com a doutrina do nominalismo, o universal é um conceito mental ou um ente de razão, enquanto o indivíduo é um ente existente por si no plano sensível. Como observa Fernandes (2007, p. 291), "os conceitos universais ou predicamentos só têm um teor mental, linguístico, semântico. Não têm nenhum correspondente na realidade das coisas extramentais". O nominalista nega a fundamentação dos universais na realidade, no sentido aristotélico-tomista, ou seja, que os universais são coisas reais que expressam a essência de uma coletividade de indivíduos. Ockham "exclui, de modo categórico, a possibilidade de qualquer vestígio de universalidade nas coisas, por ele concebidas como estruturalmente singulares" (MULLER, 1999, p. 52).

Assim sendo, cada coisa distingue-se essencialmente da outra, pois a essência de um indivíduo não é comum à de outros. Nesse caso, negaríamos a singularidade de cada indivíduo, de modo que os conceitos são puros nomes, *flatus vocis*, mero som proferido, de que nos servimos para indicar conjuntos de indivíduos. Os universais são, portanto, produções do espírito humano para indicar uma pluralidade de coisas semelhantes.

Além disso, é importante salientar que a valorização da singularidade de cada pessoa, tanto na perspectiva de Escoto quanto na de Ockham, contribuiu significativamente para a valorização da individualidade de cada um nos primórdios da Modernidade e na Pós-modernidade. Podemos perceber ecos do pensamento de Escoto e de Ockham, na Modernidade, quando se afirma que cada pessoa, sem nenhuma exceção, é dotada de liberdade e de uma identidade complexa, única, insubstituível e inconfundível. Na contemporaneidade, também se entende que a identidade de cada pessoa não é dada de uma vez por todas, mas se constrói aos poucos ao longo da existência. O ser humano não nasce pronto e vai se gastando à medida que o tempo passa. Na concepção de Mário Cortella (2015, p. 13-14), seria até um contrassenso pensar isso:

> É absurdo acreditar na ideia de que uma pessoa, quanto mais vive, mais velha fica; para que alguém quanto mais vivesse mais velho ficasse, teria de ter nascido pronto e ir se gastando... Isso não ocorre com gente, e sim com fogão, sapato, geladeira. Gente não nasce pronta e vai se gastando; gente nasce não pronta, e vai se fazendo. Eu, no ano que estamos, sou a minha mais nova edição (revista e, às vezes, um pouco ampliada); o mais velho de mim (se é o tempo a medida) está no meu passado e não no presente.

Portanto, a pessoa humana, dentro dos limites e possibilidades pessoais e circunstanciais, tem o compromisso de, livremente, construir uma existência significativa e gratificante e de se responsabilizar por sua própria existência. Na trajetória de nossa existência renascemos a cada dia. Cada pessoa tem o poder de autodeterminar-se em qualquer circunstância e, por isso, recai sobre os seus ombros o peso da tarefa de dar um sentido à sua vida. De fato, ninguém pode viver, sofrer, amar ou morrer no lugar de outrem. Cada pessoa é protagonista de sua história.

V
Proposta franciscana de educação para uma nova civilização

O ser humano, no seu processo de humanização, aproxima-se cada vez mais da perfeição de sua natureza, que é essencialmente relacional. Por isso, a relação é uma categoria fundamental na Escola Franciscana e, portanto, também na concepção franciscana de educação. Afinal, educar franciscanamente é mais do que um método de ensino, é plataforma fundamental e privilegiada para formar pessoas íntegras e, consequentemente, construir a nova civilização do amor, da fraternidade e da paz.

1 São Francisco e a questão dos estudos na Ordem

Nas fontes bibliográficas de São Francisco temos vários indícios de que os estudos foram introduzidos na Ordem Franciscana já no tempo em que ele vivia. Isso se comprova com a carta de São Francisco dirigida a Santo Antônio de Pádua, em fins de 1223 ou início de 1224. Nela, o Pobre de Assis concede a Frei Antônio a permissão de "ler" (= ensinar) a sagrada teologia aos irmãos da Ordem Franciscana. Eis o teor da carta:

> Eu, Frei Francisco, (desejo) saúde a Frei Antônio, meu bispo. Apraz-me que ensines a sagrada teologia aos irmãos,

contanto que, nesse estudo, não extingas o espírito de oração e devoção, como está contido na Regra (Ant).

Essa citação atesta um alegre consentimento dado por Frei Francisco a Frei Antônio à realidade nova, na Ordem, de estudar e lecionar teologia. Nessa carta, Francisco não apenas se mostra favorável a que Frei Antônio se dedique ao múnus de ensinar, mas expressa um amplo consentimento à realidade dos estudos na Ordem. Contudo, pede aos estudiosos que se deixem primeiramente aquecer interiormente pela Palavra Sagrada para não proferir palavras frias (2Cel 122, 163).

A propagação dos estudos na Ordem está intimamente ligada à evolução, crescimento, clericalizacão e intelectualização dos seus membros, bem como ao apelo e às exigências da Igreja, por causa da evangelização. Os papas e alguns bispos, constatando a decadência espiritual e intelectual do clero secular, começaram a recorrer aos dominicanos e franciscanos para o múnus da pregação, visto que contavam em seus quadros com renomados doutores e mestres em teologia (MERLO, 2005). Assim, além do notável crescimento do número de frades, que urgia uma nova organização institucional, a Ordem se dispôs a atender às necessidades da Igreja (HARADA, 2004). Ademais, é importante ressaltar que Francisco não acolheu sábios e letrados em sua Ordem devido à ciência deles, mas para que, com amor, colocassem os seus conhecimentos a serviço dos frades, da Igreja e da sociedade.

Francisco possuía uma especial estima para com os que possuíam conhecimento da Ciência Sagrada. Acerca deles, diz ele no *Testamento*: "E a todos os teólogos e aos que ministram as santíssimas palavras divinas devemos honrar e venerar como a quem nos ministra espírito e vida" (Test 13). No entanto, aborrecia-se quando a ciência era procurada com desprezo da virtude. A propósito, lemos nos *Ditos do Beato Egídio* (DE 16):

Quem quer saber bastante, incline a cabeça, trabalhe muito e se abaixe até o chão. E o Senhor lhe dará muita sabedoria. A mais alta sabedoria consiste em cumprir boas obras, vigiar-se bem e meditar os juízos de Deus.

Quem quer saber muito deve inclinar-se até o chão, deve humilhar-se muito. No entanto, esse não é um dever imposto de fora, mas trata-se de uma necessidade inerente à busca da sabedoria. É uma necessidade livre, ou seja, o ser humano livremente opta por fazer as boas obras necessárias para adquirir a sabedoria. A humildade de querer aprender sempre mais e de servir ao próximo é a "porta da sabedoria".

Das Fontes Franciscanas, presume-se, então, que os franciscanos podem se dedicar aos estudos, porém sem deixar de buscar, antes de tudo, o "espírito do Senhor e o seu santo modo de operar" (RB 10, 8). Na verdade, deveriam ter essa atitude também frente às outras ciências, que, bem cedo, começaram a fazer parte da vida dos Irmãos Menores em Bolonha, Paris, Oxford e demais centros de estudo. Enfim, Francisco não era contrário aos estudos da ciência, mas reitera Boaventura:

> Agradava-lhe muito o fato de ver os irmãos não estudarem unicamente para saber como falar, mas para pôr em prática primeiro aquilo que tiverem aprendido e, depois de terem posto em prática, ensinar aos outros aquilo que eles devem fazer (LM 11, 1).

Mediante essa citação de Boaventura pode-se concluir que, no "magistério de vida" de Francisco, praticar o que se ensina é bem mais importante do que unicamente dizer palavras. Essa ideia é reverberada pelo biógrafo Tomás de Celano (2Cel 73, 107) ao comentar que Francisco pregava, ensinava e persuadia, sobretudo, pela prática das virtudes:

Francisco, bem sabendo que a prática da virtude é mais importante do que as palavras, afirmava que, segundo o exemplo do Senhor, é necessário antes fazer e depois ensinar, ou melhor, fazer e ensinar ao mesmo tempo.

Na verdade, nas Fontes Franciscanas encontramos vários elementos que qualificam Francisco de Assis como "mestre de vida integral". Seus gestos de amor, cortesia, humildade, respeito, gratidão e bondade atestam a sua sensibilidade como educador. Ele tinha a preocupação de primeiramente praticar o que, em seguida, havia de ensinar por palavras, pois uma pedagogia libertadora requer coerência de vida com os valores que verdadeiramente libertam e favorecem o desenvolvimento integral das pessoas.

Portanto, Francisco de Assis, é mestre de vida integral porque ensinava, sobretudo, pelo seu *modus vivendi*, ou seja, pela sua maneira amorosa de ser, pensar, agir e de se relacionar amorosamente consigo mesmo e com todas as criaturas. Essa autenticidade de Francisco, a exemplo do único Mestre, Jesus Cristo, é expressão de sua experiência de Deus como sumo Bem e única fonte originária de todo o bem.

2 Concepção franciscana de educação

A concepção franciscana de educação apoia-se numa visão antropológica que remete a Francisco de Assis. O processo educativo franciscano baseia-se nos valores que marcaram a vida de Francisco e no mais amplo conceito de ser humano, para além de qualquer forma de egocentrismo. Francisco inspira uma prática pedagógica que se responsabiliza pelo desenvolvimento integral da pessoa: seu caráter, sua cognição, sua relação consigo mesma, com as pessoas, com a natureza e com o Transcendente.

Para os medievais franciscanos, o trabalho da educação consistia em formar pessoas. Porém, primeiramente, é importante esclarecer que "formar" não tem o sentido de impor autoritariamente uma "forma" ou um modelo preexistente de ser humano. A formação é um processo de vida. Trata-se, portanto, de um processo formativo, de um vir a ser do humano até a plena forma (plenitude) de si mesmo. A palavra "processo" vem do verbo "proceder", que, na sua origem latina, significa "avançar, ir para diante".

A palavra "educação", por sua vez, tem sua origem no verbo latino "educar" (*educare, educere*), que expressa a ação de "tirar para fora", "trazer à luz" aquilo que já existe dentro de cada pessoa humana. Educar é descobrir, é desvelar, é fazer aflorar todas as potencialidades latentes no interior de cada ser humano. Nessa perspectiva, educação inclui tudo que nós fazemos e o que os outros fazem por nós, com o fim específico de aproximar-nos da perfeição de nossa natureza. Assim sendo, a tarefa da educação assemelha-se à "maiêutica" socrática, ou seja, ao ofício da parteira – *maieia* –, que permite nascer a criança ainda velada no seio materno (LIBÂNIO, 2002).

Ademais, o trabalho da educação, no espírito franciscano, visa a formar pessoas íntegras à luz da compreensão bonaventuriana de pessoa como relação. Desse modo, educar a pessoa significa formar o ser humano para a autêntica convivência, pautada na ética, isto é, nos valores que nortearam a vida e pensamento dos mestres da Escola Franciscana. Em outras palavras, a educação deve promover o desenvolvimento da vocação de cada pessoa e da comunidade. Dessa maneira, é preciso humanizar a educação, ou seja, é necessário

> torná-la um processo em que cada pessoa possa desenvolver as próprias atitudes profundas, a própria vocação e assim contribuir para a vocação da própria comunidade. "Humanizar a educação" significa colocar a pessoa no centro da educação, num quadro de relações que compõem uma comunidade viva, interdependente, vinculada a um destino comum. É desta maneira que é

caracterizado o humanismo solidário (CONGREGA-ÇÃO PARA A EDUCAÇÃO CATÓLICA, 2017, 8).

Todos os que se propõem a ensinar e a educar franciscanamente devem se inspirar no humanismo solidário franciscano. Na concepção franciscana de educação, o professor não ser um mero transmissor de conteúdo, mas um mestre que desperta cada pessoa para que possa desenvolver a própria vocação e desenvolver uma consciência mais global, abrangente, que une e integra, levando-o a pensar e a agir em benefício de toda a comunidade. O que humaniza e qualifica o educador como franciscano é a prática dos valores que perfazem o perfil humano e espiritual de Francisco: liberdade, humildade, fraternidade, amor, respeito, empatia etc. Esses valores vividos nos descentralizam e possibilitam uma autêntica convivência com todos os seres do universo, pois, somente assim, centrado na alteridade, podemos estimular os discípulos a buscar uma vida virtuosa. Quem é incumbido da tarefa de ensinar a outros deve, antes, praticar o que ensina, ou praticar e ensinar simultaneamente. Pois o mestre é um *expert* na prática das virtudes, ou seja, não basta saber o bem, é necessário praticá-lo, nota Boaventura (OBRAS COMPLETAS, 1983, p. 260):

> É mister traduzi-lo [o bem] na prática por meio de obras, assim como quem estuda medicina e, praticando-a, logo nela se exerce, porquanto o desempenho de algum exercício imprime ao entendimento uma perícia bem mais perfeita do que o mero estudo teórico.

Por conseguinte, o processo educativo franciscano não privilegia apenas o aspecto cognitivo, nem somente a transmissão de informações e conhecimentos, mas coloca o desenvolvimento pleno da pessoa no centro do processo. Assim, a instituição de ensino contribui para o desenvolvimento integral e sadio dos educandos, aprimorando todas as suas potencialidades e capacidades: física, intelectual, moral, afetiva, social e religiosa.

2.1 Educação para a liberdade e a consciência crítica

Na esteira dos mestres franciscanos, o processo educativo conduz o ser humano à liberdade. Somos chamados à liberdade; não, porém, à liberdade usualmente entendida como o "fazer aquilo que se quer" ou poder escolher arbitrariamente entre duas ou mais possibilidades. Na filosofia franciscana, conforme já explicitamos, liberdade tem a ver com poder de autodeterminação da vontade em qualquer circunstância. O ser humano, por exemplo, não é livre para escolher onde nascer, mas em qualquer circunstância de sua vida pode determinar-se a fazer o melhor possível, em conformidade com a reta razão e o bom-senso.

Para os pensadores franciscanos, educar para a liberdade é educar para a autonomia. Autonomia é autodomínio, é controle da impulsividade, capacidade de lidar com as emoções em situações adversas. Ter autodomínio quer dizer ser alguém que, de fato, é dono das próprias ações e reações. Esse autodomínio é fundamental para construir relações mais respeitosas e saudáveis com outras pessoas.

Na Sagrada Escritura encontramos diversos relatos que atestam o domínio que Jesus tinha sobre suas emoções e pensamentos. Um exemplo típico temos na passagem bíblica sobre a "mulher adúltera", na qual é indagado pelos escribas e fariseus a respeito de uma mulher, pega em adultério, e que, segundo a lei mosaica, deveria ser apedrejada: "Mestre, esta mulher foi flagrada cometendo adultério. Moisés, na Lei, nos manda apedrejar tais mulheres. E Tu o que dizes?" (Jo 8,5). O texto prossegue dizendo que Jesus, antes de responder qualquer coisa, "inclinando-se, começou a escrever com o dedo no chão" (Jo 8,6). Isso quer dizer que Ele pensou antes de sabiamente reagir e agir com uma outra pergunta: "Quem dentre vós não tiver pecado, atire-lhe a primeira pedra" (Jo 8,7). Assim, Jesus respondeu aos fariseus que podiam aplicar a lei, no entanto, não sem antes de pensar se estavam sendo coerentes com o que falavam. Porque, também disse Jesus: "com a mesma medida com que medirdes os outros, vós também sereis medidos" (Lc 6,38).

Na atualidade requer-se muito que as organizações educacionais promovam o desenvolvimento do ser humano como um todo, ou seja, devem proporcionar não só o conhecimento técnico e cognitivo do mundo ao nosso redor, mas também o conhecimento emocional. É necessário possibilitar que as crianças, adolescentes e jovens desenvolvam habilidades socioemocionais de empatia, compreensão em relação ao outro, diálogo, respeito e compaixão pelas pessoas, no ambiente familiar, na escola e no trabalho.

No dizer de Paulo Freire (1987), educar para a liberdade é auxiliar o educando a sair da "consciência servil" e estimulá-lo a determinar a si próprio, a ser protagonista de sua história, pois as pessoas já não aceitam ser dominadas e ser objeto de processos formativos que cerceiam sua vida, sua liberdade, seu desejo de participação efetiva, suas iniciativas e criatividade pessoais e grupais. As pessoas querem ser compreendidas, valorizadas e ajudadas com misericórdia a superar os seus limites e dificuldades.

A educação, como prática libertadora, problematiza o modelo de educação que vê o educando como uma "vasilha" a ser preenchida com informações. Essa "concepção bancária de educação", muito questionada por Paulo Freire (1987), nega a educação e o conhecimento como processo de busca e não propicia o desenvolvimento da "consciência crítica" e consequente transformação da sociedade. Afinal, a sociedade (mundo) é o que nós somos. O mundo é o que é no mundo de nossa consciência e nos relacionamos com a realidade conforme a consciência que temos do mundo, de modo que transformamos o mundo mudando a nossa consciência. Por isso, reitera Paulo Freire (1987): "a educação não transforma o mundo. A educação transforma pessoas. Pessoas transformam o mundo".

2.2 Educação para a sabedoria

A proposta franciscana de educação está fundamentalmente direcionada à conquista da sabedoria. A sabedoria, ou *sophia*, em grego, aplica-se, em geral, a quem é especialista num determinado campo do saber, teórico ou prático, ou a quem possui um excelente conhecimento científico. Contudo, aqui entendemos a sabedoria, sobretudo, como prática de vida virtuosa. A busca da sabedoria (*sapientia* para os romanos) designa o esforço ascético de vir a ser plenamente livre e pronto para escutar atentamente, ver para além das aparências e para acolher e respeitar a alteridade. Ser sábio é ser um humilde servidor do próximo e humildemente aberto para sempre novas aprendizagens. Só o humilde é capaz de reconhecer que sempre pode aprender algo novo, porque não tem a soberba de achar que é o "sabe-tudo". O antídoto para essa arrogância é a humildade:

A humildade é o antídoto para a arrogância, que é própria daqueles que, equivocadamente, pensam ser melhores do que os outros. Edificar uma educação de valor no passo da humildade significa aprender e exercitar diariamente a arte de caminhar lado a lado com a tolerância, com o respeito, com a coragem e a flexibilidade. Ser humilde não é ser fraco, inseguro, sem firmeza, "coitadinho", "bonzinho" ou sem opinião. Ser humilde é ter sabedoria para aprender com os erros, com os desafios, com a diversidade. Ser humilde é ter a certeza de que, quanto mais conheço, mais preciso conhecer; quanto mais aprendo, mais tenho para aprender. E nesse contexto de aprendizados e saberes não existe o ser melhor ou pior. Todas as pessoas, independentemente da sua condição social, econômica ou política, são merecedoras do respeito e da atenção do outro.

Ser humilde é um exercício que demanda a escuta atenta, um olhar que vai além das aparências, e o acolhimento e respeito à opinião alheia, ainda que seja diferente ou contrária à sua (MARQUES, 2012, p. 111).

Portanto, somente existe a busca da sabedoria onde há curiosidade, inquietação e humildade para reconhecer que nenhum saber é completo ou definitivo, e que como seres humanos podemos evoluir sempre mais. Pois ser sábio não se limita a ser portador de um grande arsenal de conhecimentos, mas é ser um esperto na prática das virtudes, especialmente do amor e da humildade. O amor à sabedoria é fundamental para que os seres humanos, inacabados, possam aprender sempre mais e evoluir humanamente até à perfeita liberdade.

Em suma, na educação sob a óptica franciscana, entre teoria e prática, conhecimento e amor, a preferência recai sempre sobre a ação, a práxis das virtudes. Nesse sentido, a ciência não é fim em si mesma, nem se busca a ciência somente para aprender a falar e a argumentar, mas, sobretudo, em vista da sabedoria, ou seja, da plena realização da vocação de cada ser humano e da comunidade à vida integral, em sinergia com o cosmo.

2.3 Necessidade de um novo paradigma educacional na atualidade

Na Modernidade, que tem em Descartes sua maior referência, impera uma visão antropocêntrica, racionalista e mecanicista do universo. A concepção mecanicista do universo como uma grande máquina determinou a predominância da visão racional, que é fragmentadora. O pensamento racionalista cartesiano caracteriza-se pela disjunção capital e trabalho, trabalho e lazer, pessoa e natureza, homem e mulher, corpo e alma, Deus e mundo.

A visão cartesiana do mundo provocou alterações substanciais nas relações do homem consigo mesmo, com o outro, com a natureza e com o sagrado (CAPRA, 1996), bem como teve implicações na educação. O paradigma cartesiano tornou-se ele mesmo um modelo de educação que privilegia sobremaneira a reprodução e a transmissão objetiva de conhecimentos e o desenvolvimento intelectual de cada pessoa.

O paradigma epistemológico inaugurado por Descartes, sem dúvida, possibilitou o desenvolvimento técnico e científico. No entanto, conforme já se observou, separou a ciência da ética, a razão do sentimento, a mente do corpo. Na visão de Morin (2005, p.11):

> Tal disjunção, rareando as comunicações entre Conhecimento Científico e reflexão filosófica, devia fielmente privar a ciência de qualquer possibilidade de ela conhecer a si própria, de refletir sobre si própria, e mesmo de se conceber filosoficamente.

Constata-se que, apesar das relevantes contribuições do desenvolvimento da ciência e das novas tecnologias atuais, o endeusamento e instrumentalização da razão não transformaram o ser humano em ser mais humano nem geraram uma sociedade mais justa e solidária. Pelo contrário, transformaram-no em máquina de produção e consumo e destruidor do meio ambiente (MORAES, 2003). O ser humano, ao se compreender como um indivíduo independente e manipulador da realidade, destrói as bases da sua própria existência. Por isso, requer-se uma mudança de concepção antropológica. Será imprescindível superar o antropocentrismo fragmentado e o uso instrumentalizado da razão e inaugurar um estilo de vida ancorado numa visão mais global, sistêmica e complexa do homem e do mundo. Papa Francisco (IGREJA CATÓLICA, 2015, 215, p.

170) também destaca que, para conseguir mudanças profundas na sociedade, é necessário difundir um novo modelo de ser humano e de relação com a natureza:

> É preciso ter presente que os modelos de pensamento influem realmente nos comportamentos. A educação será ineficaz e os seus esforços estéreis se não se preocupar também por difundir um novo modelo relativo ao ser humano, à vida, à sociedade e à relação com a natureza.

É fato, então, que o paradigma cartesiano está em crise e precisa ser superado. Não se trata simplesmente de destruir, de derrubar, de anular tudo o que foi construído ao longo da história. O momento histórico exige a busca da superação, como propõe Cardoso (1995, p. 45),

> no sentido dialético estabelecido por Hegel; para quem superar não é fazer desaparecer, mas progredir qualitativamente, conservando o que há de verdadeiro no momento anterior e levando-o a um complemento, segundo as novas exigências históricas.

Edgar Morin (2005) denuncia os limites do paradigma cartesiano-disjuntivo e aponta para a necessidade de uma nova forma de aceder à realidade. Ele propõe o paradigma da complexidade, que considera as qualidades das partes e do todo, bem como a interdependência do todo e das partes.

Por fim, queremos ressaltar que vivemos num mundo ameaçado pelo individualismo, pela autorreferencialidade e pela globalização da indiferença; precisamos construir uma nova civilização a partir de uma educação pautada em valores. É necessário pensarmos em novos paradigmas educacionais, pois, parafraseando o físico alemão Albert Einstein, seria tolice esperar resultados diferentes fazendo as coisas sempre do mesmo jeito. Em síntese, na atualidade precisamos de uma proposta de educação humanizada.

2.4 Proposta de educação humanizada do Papa Francisco

No atual cenário de transição, ou de mudança de época, a proposta franciscana de educação é atual e profética, uma vez que não se restringe à informação e/ou à transmissão de conhecimentos. Conforme já explicitamos anteriormente, na visão franciscana entende-se a educação como processo de construção da identidade de cada ser humano, em comunhão com os seus semelhantes e com a natureza. Parte-se, portanto, da compreensão franciscana do ser humano como uma individualidade em relação com todos os seres do universo e com o Criador.

Assim, a prática pedagógica e educativa, à luz da antropologia franciscana, provoca o desenvolvimento pleno de todos os aspectos que constituem a realidade humana e promove a sinergia, a comunhão, o respeito pela Terra, o respeito pela alteridade e diversidade cultural. Nesse sentido, a escola não é um laboratório para a vida, mas um local onde já se vive, onde se exercitam sentimentos de bondade, humildade, partilha, compaixão e respeito à alteridade. De certo, não há separação entre vida e educação. As crianças, jovens e adultos não estão, num dado momento, sendo preparados para a vida e, em outro, vivendo, mas vivendo situações bem concretas e aprendendo.

Papa Francisco, em sua concepção de educação, inspira-se particularmente na antropologia franciscana, ou seja, no paradigma da fraternidade. Nessa perspectiva, o líder da Igreja Católica reitera que, na atualidade, predomina a cultura da indiferença e que, para vencê-la, é necessário que as famílias, as instituições educacionais e a comunidade se unam num projeto global por uma educação que promova a cultura da solidariedade. A família e a sociedade não podem delegar a educação aos seus agentes nas escolas e universidades, pois essa não é uma tarefa exclusiva das instituições de ensino.

Papa Francisco (IGREJA CATÓLICA, 2019, p. 54) comenta que "isso faz pensar num provérbio africano: 'para educar um filho é necessário uma aldeia'. Para educar um jovem é necessário muita gente: família, professores da escola básica, pessoal não docente, professores, todos!"

O líder da Igreja Católica, sob a inspiração de São Francisco, afirma a importância de uma educação humanizada para o mundo atual. Com esse objetivo, no dia 12 de setembro de 2019, convocou a aldeia-mundo para um novo Pacto Educativo Global. Em sua mensagem de lançamento do Pacto, falou da necessidade de *"reavivar o compromisso com as gerações jovens, renovando a paixão por uma educação mais aberta e inclusiva, capaz de escuta paciente, diálogo construtivo e mútua compreensão"*. Em vista disso, ao falar de um novo Pacto Educativo Global, tem-se em mente um projeto educativo que envolva a escola, a família, o governo e a sociedade em geral.

A educação é um ato de amor, porque é geradora da vida em sua pluridimensionalidade. No entanto, nessa perspectiva, mais uma vez destacamos a necessidade de humanizar a educação. Na educação humanizada fomentamos a cultura do encontro, exercitando os valores da liberdade, do amor, do diálogo, do respeito mútuo e da solidariedade. Esses valores podem ser transmitidos desde a mais tenra idade.

O tempo presente urge um novo modelo educacional, tendo por princípio o humanismo solidário franciscano. Nesse modelo educacional todos os participantes do processo educativo estão comprometidos com viver, estudar e agir de acordo com as premissas do humanismo solidário. Na óptica franciscana requer-se, antes de tudo, coerência de vida com os valores do Evangelho, de acordo com Francisco de Assis, que nos interpela a desejar, acima de tudo, o "espírito do Senhor e seu santo modo de operar" (RB 10).

Então, numa linguagem hodierna, poderíamos dizer que, para o pobre de Assis, é sumamente desejável que em todas as nossas atividades, especialmente no trabalho da educação, não só tenhamos habilidades técnicas, mas também, e principalmente, habilidades comportamentais de autocontrole emocional, humildade, resiliência, empatia e responsabilidade socioambiental. Por isso, a proposta de educação humanizada do Papa Francisco, na perspectiva do humanismo solidário franciscano, envolve as dimensões moral, social, intelectual e espiritual da pessoa. Educação humanizada é formação que integra a linguagem da cabeça (mente) com a linguagem do coração e a linguagem das mãos. Afirma o Papa Francisco (IGREJA CATÓLICA, 2019, p. 55-56) que:

> Uma pessoa madura deve saber falar: a língua da mente, a língua do coração e a língua das mãos. Mas harmoniosamente, isto é, pensar o que se sente e o que se faz; sentir bem o que se pensa e o que se faz; e fazer bem o que se pensa e o que se sente. As três línguas, harmoniosas e juntas!

Portanto, temos o desafio permanente de pensar a educação à luz do projeto de vida de São Francisco, bem como a partir da proposta de educação humanizada, do Papa Francisco. Com base nos valores humanos, cristãos e franciscanos e atentos aos desafios da atualidade, a educação é, sem dúvida, caminho privilegiado para promover a cultura da solidariedade e consequente construção de uma nova civilização. Na educação habita a semente da esperança: uma esperança de paz, justiça, beleza, bondade e de harmonia social.

Em suma, o mundo em que habitamos é reflexo de tudo que nós somos e fazemos, é o espelho de nossas relações. Por isso, é importante que o professor educador franciscano tenha uma visão global, orgânica e complexa da realidade, sabendo aliar ciência (conhecimentos) e vida virtuosa, conforme o ditado franciscano: "Um homem tanto possui da ciência quanto aquilo que na vida põe em prática" (LP 74).

VI
Liderança servidora na perspectiva franciscana

Neste capítulo, abordamos o desafio do exercício da liderança, que é, de maneira geral, equivocadamente compreendida como poder de dominação. Esse modo egocêntrico de liderar não visa aos interesses comuns, mas próprios. Na perspectiva franciscana, no entanto, liderar é a arte de inspirar, de influenciar e de entusiasmar as pessoas para que façam, livre e conscientemente, o que é necessário. Liderar é construir pontes para uma nova civilização.

1 Compreensões equivocadas de liderança

Na atualidade, encontramos diversos estudos sobre o tema liderança. Dentre eles, destacamos o livro *O monge e o executivo*, de James Hunter (2004, p. 25), no qual o autor afirma que a liderança é "a habilidade de influenciar pessoas para trabalharem entusiasticamente visando atingir aos objetivos identificados como sendo para o bem comum". No entanto, de maneira geral, ela é equivocadamente compreendida como poder de dominação. Quando alguém é nomeado para um cargo, o poder sobe-lhe facilmente à cabeça e o coração fica vazio de afeição, ternura, bondade, humildade e generosidade. Assim, cai-se no extremo do autoritarismo.

O líder autoritário é egocêntrico, despótico e autocrático (governa por e para si próprio). Ele não respeita a liberdade dos liderados e não permite que participem do processo de organização dos trabalhos. O líder autoritário relaciona-se com os colaboradores de forma piramidal, isto é, se impõe pela força e não visa aos interesses comuns, mas próprios. Esse poder que se serve, em vez de servir, é um poder que não serve. Infelizmente, vemos diariamente abusos praticados por líderes autorreferenciais e suas respectivas consequências nos mais diversos setores da sociedade.

Por outro lado, sobressai-se um estilo de liderança mais liberal, que delega a maioria das decisões aos indivíduos ou ao grupo. Tal liderança justifica sua conduta com a alegação de que se deve respeitar o direito de cada um à autonomia, equivocadamente entendida como "independência" dos outros, e assim também salvaguardar os seus próprios interesses. Essa forma laxista de liderar, sem objetivo ou direcionamento claro, promove cada vez mais o individualismo e a realização de trabalhos e projetos pouco alinhados à missão da corporação à qual pertencem. Não é de se supor que um líder "bonachão" como esse chame para si a responsabilidade pelos problemas oriundos de sua maneira arbitrária de liderar.

Enfim, a autorreferencialidade no exercício da liderança, tanto no modelo autoritário quanto no estilo liberal, deteriora a qualidade das relações interpessoais. Com o passar do tempo, esses comportamentos provocam sintomas desagradáveis que comprometem não apenas o clima organizacional da instituição, mas também a sua razão de existir. Isso ocorre porque, quando os membros de um grupo se sentem humilhados e desrespeitados por seu "superior", a tendência é que fiquem desmotivados, insatisfeitos e improdutivos (SIMONATO, 2021).

2 A verdadeira arte de liderar pessoas

Qual é o modelo, então, de líder de que as instituições, hoje, estão precisando? O que é ser um verdadeiro líder? Um princípio fundamental para liderar é, antes de tudo, liderar a si mesmo. Essa dimensão da autoliderança implica autoconhecimento, inteligência emocional, integridade, paixão pelo trabalho e por novos desafios, além de habilidades técnicas e intelectuais. Ser líder de si mesmo significa controlar suas emoções e seus pensamentos, canalizando-os para o bem da coletividade. Em sua obra *Autoliderança*, Robson Santarém (2012) tece importantes considerações sobre o desafio de ser líder de si mesmo. Segundo esse autor,

> chamamos de autoliderança, a capacidade do indivíduo de liderar a si mesmo, as suas emoções e seus pensamentos, de decidir o caminho a percorrer, de fazer as suas escolhas de modo consciente. Essa capacidade de dominar a si mesmo transcende as habilidades técnicas e intelectuais (SANTARÉM, 2012, p. 145).

Por conseguinte, somente aquele que é capaz de liderar a si mesmo pode ser chamado de líder, pois o autodomínio afeta diretamente o estado de espírito de seus liderados e, consequentemente, seu desempenho. Para Santarém (2012, p. 83), "a inteligência emocional expressa pelo autocontrole, empatia, compaixão é a base do caráter e que, especialmente na liderança, é chave para conquistar a credibilidade e, assim, inspirar os liderados".

Em qualquer equipe, o líder é essencial, pois tem a tarefa fundamental de inspirar, animar e colaborar para que os seus membros desenvolvam suas potencialidades, em sintonia com a missão da instituição à qual pertencem. Líderes inspiradores treinam seu Eu para ser calmo e generoso, não impulsivo e autoritário. Sabem que o amor e a verdadeira autoridade nascem da admiração, não da pressão. Só nos inspiramos e nos deixamos influenciar por quem admiramos.

O bom líder deve ter como pré-requisito psicológico a capacidade de sentir prazer no crescimento e na autorrealização de outras pessoas (SANTARÉM, 2012). Deve conhecer e promover o desenvolvimento do colaborador, direcionar o trabalho, delegar, corrigir, comunicar, supervisionar, dar devolutivas sobre processos em curso ou já concluídos e conduzir seus liderados na direção desejada.

No entanto, o líder inspira e motiva as pessoas, sobretudo, pelas próprias ações. Suponhamos que você seja estudante e goste muito das aulas de um professor. Procura, então, seguir suas orientações sobre comportamento e estudos. No entanto, todos os dias, vê que esse professor trata outros funcionários com indelicadeza ou até com desrespeito. Como você reagiria a isso? Será que ficaria motivado para seguir as orientações dele com o objetivo de ter um comportamento mais generoso e empático em sociedade? O professor não acredita em suas próprias palavras? Por que não as usa? Enfim, parece ser bem difícil alguém se deixar inspirar ou inspirar alguém se suas palavras são incongruentes com suas ações (MOREIRA, 2019), porque as palavras convencem, mas o exemplo arrasta.

A especialista em liderança Sônia Jordão (2010, p. 3), em seu livro *A arte de liderar*, observa que "liderar é a arte de conduzir as pessoas para que façam o que é necessário por livre e espontânea vontade. É conseguir que seus liderados queiram fazer o que precisa ser feito". Desse modo, a arte de liderar consiste em fazer com que os liderados não façam o que precisa ser feito por imposição, mas livremente, por amor. O líder consegue fazer isso sobretudo pelo seu caráter, pela sua postura de humildade, lealdade, assertividade, respeito, gentileza e empatia. O bom líder é, antes de tudo, uma pessoa íntegra, madura e consciente de sua missão. Liderança e lealdade estão interligadas. Enfim, o bom líder é, antes de tudo, um bom ser humano, que sabe corrigir em particular e elogiar publicamente, sem a insegurança de perder espaço. Por isso, "muito mais do que conhecimentos e habilidades técnicas, o líder precisa desenvolver competências humanas. Precisa ser humano. Tornar-se mais humano é condição indispensável para se tornar um verdadeiro líder" (SANTARÉM, 2012, p. 44).

Consequentemente, nenhum líder de má índole ou que se relacione mal com seus liderados consegue a sua colaboração voluntária. A escuta atenta dos líderes gera credibilidade e a autoridade do exemplo move as pessoas, também de acordo com Santarém (2012, p. 43): "É verdadeiramente um líder aquele que escuta, que gera credibilidade, que inspira por sua sabedoria e move o outro pela autoridade do seu exemplo, pela força do seu caráter".

Assim sendo, o foco do líder está, primeiramente, nas pessoas, e não nos resultados. Elas são o bem mais precioso de qualquer instituição. Ninguém quer apenas obedecer a ordens e ser cobrado pelo alcance de metas. Cada pessoa quer ser ouvida, reconhecida, valorizada e respeitada, ou seja, quer que lhe seja possibilitado crescer, evoluir, amadurecer e prosperar como ser humano no mundo. Ronald Reagan, ex-presidente dos Estados Unidos, certa vez disse: "O maior líder não é, necessariamente, aquele que realiza as coisas mais extraordinárias, e sim aquele que faz com que as pessoas superem os seus limites e realizem coisas extraordinárias" (SIMONATO, 2021, p. 29). Os resultados concretos virão como consequências da valorização de cada pessoa e do engajamento de todos nos trabalhos e projetos da organização.

Também é importante destacar que as pessoas estão, naturalmente, abertas à mudança e ao desenvolvimento. Contudo, o processo de mudança de cada indivíduo diferencia-se, frequentemente, das mudanças determinadas e impostas por um chefe supremo, de modo que, em muitos casos, não é à mudança que as pessoas resistem, mas, sim, a uma mudança que lhes é imposta. Esse fenômeno é assim elucidado por Capra (2002, p. 111):

> Sempre ouvimos que, nas organizações, as pessoas resistem à mudança. Na realidade, porém, não é à mudança que elas resistem; resistem, isto sim, a uma mudança que lhes é imposta. Na medida em que estão vivos, os indivíduos e as comunidades são ao mesmo tempo estáveis e sujeitos à mudança e ao desenvolvimento; mas seus processos naturais de mudança são muito diferentes das mudanças organizativas projetadas por especialistas em "reengenharia" e determinadas pelo chefe supremo.

Ademais, queremos salientar que o líder pode e deve exigir de cada pessoa e da comunidade o melhor que podem fazer, conforme a recomendação de Goethe: "Trate um homem como ele é, e continuará sendo como é. Trate-o como ele pode e deve ser, e ele se tornará o que pode e deve ser" (*apud* SANTARÉM, 2012, p. 116). No entanto, essa postura do líder requer inteligência emocional, além de habilidades técnicas e intelectuais. O desafio é liderar com ternura e vigor ou, como disse Jim Rohn: "O desafio da liderança é ser forte, mas não rude; ser gentil, mas não fraco; ser ousado, mas não um valentão; ser humilde, mas não tímido; ser orgulhoso, mas não arrogante" (*apud* SIMONATO, 2021, p. 131).

Portanto, no exercício da liderança, é fundamental escutar os liderados, reconhecer e valorizar suas competências e potencialidades, desafiando-os e estimulando-os para a ação. John Quincy Adams disse: "Se suas ações inspiram outros a sonhar mais, aprender mais, fazer mais e tornar-se mais, você está no caminho correto" (*apud* SIMONATO, 2021, p. 79). Sem dúvida, dar maior autonomia aos profissionais muda o comportamento deles, aumentando o nível de responsabilidade e compromisso com a organização à qual pertencem.

3 Liderança servidora franciscana

Para o gestor Robert Greenleaf (1970), o líder-servidor é servidor antes de mais nada. Ou seja, a sua motivação-inspiração para liderar advém do sentimento natural de que ele quer servir, e servir acima de tudo. Então, esta escolha consciente o leva a aspirar à liderança.

O maior propósito do líder servidor é de servir os seus liderados da melhor maneira possível. Ele foca o crescimento e o desenvolvimento das potencialidades de cada pessoa, o bem comum, o que é o melhor para toda a comunidade. Líder servidor é alguém que está junto, caminha junto e contribui para que todos caminhem igualmente juntos, de maneira solidária, fraterna, em direção a um mesmo objetivo. Enfim, o líder servidor coloca o bem da coletividade em primeiro lugar.

Esse conceito de liderança servidora aplica-se perfeitamente a Jesus Cristo. Sem dúvida, o maior líder que já houve na história humana foi Ele. O poder de Jesus, "manso e humilde de coração" (Mt 11,29), é um poder sem poder. É um poder não para se servir, mas para servir, é poder-serviço. Ele mesmo disse que "o Filho do homem não veio para ser servido mas para servir e dar a vida pela redenção de muitos" (Mc 10,45). Jesus cuida de suas ovelhas com entranhas de um bom pastor, e "o bom pastor dá a vida pelas ovelhas" (Jo 10,11).

O líder Jesus Cristo deixou um legado de seguidores; dentre eles, São Francisco de Assis. Sem dúvida, Francisco, inspirando-se no Bom Pastor, tornou-se um dos maiores líderes da humanidade. Numa de suas *Admoestações* (Ad 4), chamou atenção para o modo de liderar de Jesus:

> Não vim para ser servido, mas para servir (cf. Mt 20,28), diz o Senhor. Aqueles que foram constituídos acima dos outros se gloriem tanto deste ofício de pre-

lado como se tivessem sido destinados para o ofício de lavar os pés dos irmãos.

Com a autoridade de servidor, o Homem de Assis recomendou aos irmãos da Ordem que haviam recebido o ofício de liderar uma fraternidade que não se deveriam "vangloriar dessa superioridade mais do que se estivessem encarregados de lavar os pés dos irmãos" (Ad 4). O superior tem a responsabilidade de ser norma de vida para os demais, a exemplo de Jesus Cristo, "para que as suas lições orais venham ilustradas com o exemplo concreto de sua conduta, à maneira do que faz o mestre de geometria que ensina desenhando na areia, para melhor compreensão" (BOAVENTURA, 1983, p. 278).

Francisco assim admoesta a todos os seus irmãos, na Ordem: "E os ministros e servos lembrem-se do que diz o Senhor: 'Não vim para ser servido mas para servir'" (Mt 20,28) e de "que lhes foi confiado o cuidado pelas almas dos irmãos" (RnB 4, 6). Por conseguinte, no gênero de vida franciscana, o ofício de cada irmão é apenas servir: "E neste gênero de vida ninguém seja intitulado 'prior', mas todos sejam designados indistintamente como 'frades menores'. E um lave os pés ao outro" (RnB 6, 3-4). Enfim, na perspectiva franciscana, o líder é servidor de uma fraternidade, ou seja, a liderança é compreendida à luz da fraternidade. Parte-se da consciência de que todos são irmãos e irmãs e devem ser respeitados em sua dignidade e integridade:

> O fundamento da liderança franciscana é a vida fraterna, o que significa a consciência de que todos – homens e mulheres – são irmãos e irmãs e, nesse sentido, devem ser respeitados em sua dignidade e integridade. É com esta premissa que ele erige uma comunidade na qual ele, como líder fundador, coloca-se como servidor de todos (SANTARÉM, 2012, p. 83).

Na experiência de Francisco de Assis, a autoridade é exercida com coração de mãe. Francisco usa a imagem da mãe porque ela, na família, representa a solicitude cheia de abnegação e de intuição: "E cada qual ame e alimente a seu irmão como a mãe ama e nutre a seu filho" (RnB 9, 14). A atitude da mãe que "ama e nutre" é modelo de amor e cuidado que os encarregados do serviço da autoridade são chamados a desenvolver: "'Se uma mãe ama e nutre seu filho carnal' (1Ts 2,7), com quanto maior diligência não deve cada um amar e nutrir a seu irmão espiritual?" (RB 6, 8). O amor é, portanto, um valor essencial da liderança, que faz com que, a exemplo de Francisco, o líder não seja um comandante superior aos demais, mas um servidor da fraternidade. Sobre a exemplaridade de vida do prelado (superior), recomenda Boaventura (1983, p. 279):

> Seja ele de trato humilde, para que os súditos lhe tenham fácil acesso e ousem falar-lhe com franqueza do que precisam. Ouça-os com paciência e de bom grado os atenda. Instrua-os com solicitude e exorte-os com gosto. Faça por ser antes amado do que temido, porquanto com maior prazer se obedece a quem se ama do que a quem se teme. Obedecer por amor é propriamente obedecer voluntariamente, ao passo que fazê-lo com temor é fazê-lo coagido. Quanto mais, pois, a obediência tem o caráter de voluntária, tanto mais sublime é seu mérito.

Nessa mesma perspectiva, também evocamos uma passagem do *Testamento*, de Santa Clara de Assis, que evidencia ainda mais a forma peculiar de liderança servidora franciscana. De acordo com Santa Clara, lideramos, sobretudo, pelo nosso exemplo de vida virtuosa, ou seja, com a disponibilidade de uma boa mãe que amorosamente provê as necessidades físicas e espirituais de cada um dos seus filhos e filhas e provoca-os a obedecer não tanto por dever, mas por amor. A obediência não se identifica com a atitude de quem faz as coisas movido pela pressão de alguém. A obediência amorosa brota do que é mais sagrado no ser humano: sua liberdade:

> Rogo também à que estiver a serviço das Irmãs que trate de estar à frente das outras mais por virtudes e santos costumes do que pelo ofício, de forma que suas Irmãs, provocadas por seu exemplo, não obedeçam tanto por dever como por amor. Seja também previdente e discreta para com suas Irmãs, como uma boa mãe faz com suas filhas, tratando especialmente de provê-las de acordo com as necessidades de cada uma, com as esmolas que forem dadas pelo Senhor. Também seja tão bondosa e acessível que possam manifestar com segurança suas necessidades e recorrer a ela confiadamente a qualquer hora, como lhes parecer conveniente, tanto por si mesmas como por suas Irmãs (TestC 61, 66).

Para uma fraternidade sobreviver e uma organização ou equipe prosperar, o líder deve zelar pela consolidação dos valores que norteiam a organização e promover o fortalecimento dos vínculos de fraternidade que alicerçam a comunidade, isto é, o respeito à liberdade de cada pessoa, o amor, a confiança mútua e o comprometimento com os objetivos da organização. Observa Santarém (2012, p. 100):

> Para o projeto de Francisco de Assis foi importante o fortalecimento dos vínculos de fraternidade, amizade, cooperação, responsabilidade de todos pela mesma causa. Sem estes elementos dificilmente uma equipe ou organização sobrevive.

Em suma, na óptica franciscana, ser líder é ter a habilidade de dialogar com as pessoas e ser um servidor equiparado ao que lava os pés dos outros. Por outras palavras, ser líder é ser impregnado pelo Espírito do Senhor, manso, humilde, pacífico e servo de todas as criaturas. Por isso, Francisco exorta aos seguidores de outrora e de agora que, ao irem pelo mundo, "sejam mansos, pacíficos, modestos, afáveis e humildes, tratando a todos honestamente, como convém" (RB 3, 11). Quanto mais poder alguém tem, maior deve ser a sua disposição de servir. Aqui, sim, deveria existir uma verdadeira competição: entre aqueles que querem servir mais.

4 Liderar é construir pontes para uma nova civilização

O Papa Francisco, num encontro com líderes religiosos nos Emirados Árabes, em fevereiro de 2019, recordou os 800 anos do encontro entre São Francisco de Assis e o sultão do Egito, Al-Malik Al-Kamil. O diálogo entre eles, ocorrido em 1219, foi mencionado pelo Sumo Pontífice com o escopo de apresentar Francisco de Assis como paradigma da maneira correta de liderar e de se relacionar com pessoas de outras crenças religiosas. Conforme já destacamos anteriormente, o Homem de Assis liderou pela sua atitude dialógica, sendo o diálogo com outras religiões fundamental, porque Deus manifesta-se na diversidade das religiões.

A sociedade, hoje, está demasiadamente dividida por muros de ressentimento, ódio e polarizações ideológicas, políticas, raciais e religiosas. Nesse contexto, precisamos de líderes, que constroem pontes, em vez de muros. Precisamos de líderes que, como Francisco de Assis, promovam o diálogo entre pessoas, raças, religiões e culturas. Atesta o Papa Francisco que "as coisas que temos em comum [religiões] são tantas e tão importantes que é possível identificar um caminho de convivência serena, ordenada e pacífica, na aceitação das diferenças e na alegria de sermos irmãos porque somos filhos de um único Deus" (IGREJA CATÓLICA, 2020, 279, p. 143). O diálogo é ponte que une diferenças e constrói novas possibilidades de vida.

Para dialogar são necessárias a escuta e a empatia. A escuta verdadeira não é apenas questão de ouvir com os sentidos, mas de silenciar, de desarmar-se de todos os preconceitos para acolher o outro com inteireza de alma. O líder deve escutar as peculiaridades, habilidades e talentos de cada membro de sua equipe, e direcionar cada indivíduo a funções compatíveis com o seu perfil:

> O líder deve observar, estudar e analisar cada membro de sua equipe, pois cada um tem as suas peculiaridades e habilidades que o definem como único. Além disso, cada indivíduo carrega também talentos pessoais que precisam ser direcionados a funções e cargos compatíveis com o seu perfil. Eis aqui o grande segredo para o sucesso da equipe (SIMONATO, 2021, p. 107).

Enfim, entre as virtudes que se exigem de um líder construtor de pontes, requer-se, especialmente, que lidere pelo coração, pois é do coração que brotam a empatia e toda a energia capaz de cativar e mobilizar as pessoas para juntas caminharem rumo a uma nova civilização. Observa Santarém (2012, p. 100) que os seguidores do líder

> lhe serão fiéis à medida que forem cativados, acolhidos, ouvidos, respeitados. Porque não se lidera pelo intelecto, mas pelo coração. Do coração brota a empatia. Do coração brota toda a energia capaz de cativar e mobilizar as pessoas, de sensibilizá-las para uma jornada, para um caminhar coletivo rumo a metas maiores da vida.

Portanto, liderar é construir pontes que nos conduzam à unidade na diferença. Essas pontes são construídas pela escuta atenta, pelo diálogo construtivo, pela empatia e pela compreensão mútua. A atitude dialógica, no exercício da liderança, oportuniza sentir e acolher a alteridade do outro, promover o seu crescimento e desenvolvimento integral, e atraí-lo para um caminhar coletivo rumo a uma nova civilização de fraternidade e paz.

VII
Crises da Modernidade e ética franciscana para uma nova civilização

Neste último capítulo, abordamos a situação generalizada de crise de fundamentos e de rumos que vive a humanidade hoje. As crises ética, social e ecológica provocadas pelo individualismo exacerbado causam um mal-estar na Modernidade e a sensação de que precisamos mudar de estilo de vida. Nesse cenário de urgência de mudanças, desponta no horizonte a ética franciscana do amor e da fraternidade universal como chance de vida nova, de renascimento, de ressignificação de toda a nossa existência e oportunidade de uma nova civilização.

1 Crises da Modernidade e Pós-modernidade

Com o advento da Modernidade, passou a imperar no mundo uma visão antropocêntrica do universo. Esse antropocentrismo, paradoxalmente, lançou o ser humano às margens, porque endeusou a razão, em detrimento das outras dimensões do humano. Se, na Idade Média, predominou a mentalidade teocêntrica, na Modernidade predomina o antropocentrismo, com excessiva ênfase à razão instrumental.

133

Sem dúvida, na Modernidade há muitos avanços, sobretudo tecnológicos, que inegavelmente possibilitam melhores condições de vida para toda a humanidade. No entanto, ressaltamos que o mundo passou a ser percebido como uma grande máquina, como um relógio que tem de funcionar. A ênfase dada ao método cartesiano resultou na excessiva fragmentação e instrumentalização da realidade. Na visão de Capra (1982, p. 55), a influência de Descartes foi decisiva na consolidação da visão raciocêntrica do mundo:

> A excessiva ênfase dada ao método cartesiano levou à fragmentação característica do nosso pensamento em geral e das nossas disciplinas acadêmicas, e elevou à atitude generalizada de reducionismos na ciência – a crença em que todos os aspectos dos fenômenos complexos podem ser compreendidos se reduzidos às suas partes constituintes.

Descartes fragmentou a realidade para melhor conhecê-la. No entanto, Blaise Pascal (1623-1662) diverge desse paradigma analítico e fragmentador cartesiano, dizendo que não é possível conhecer uma parte isolada do todo e o todo sem conhecer as partes:

> Toda coisa é auxiliado e auxiliador, causado e causador, e estando tudo ligado por um laço imperceptível que liga as partes mais distantes umas das outras, considero impossível conhecer as partes se não conhecer o todo, assim como conhecer o todo sem conhecer as partes (SANTARÉM, 2012, p. 43).

Constata-se que tanto na Modernidade quanto na Pós-modernidade se coloca o ser humano no centro, porém, de forma fragmentada. Enquanto o homem moderno supervaloriza a razão instrumental, em detrimento de outras dimensões do ser humano, o pós-moderno enfatiza a experiência sensível, bem como os próprios interesses imediatos e contingentes. De fato, o paradigma analítico, fragmentador e reducionista, nos impede de enxergar o inter-relacionamento de todas as coisas e a necessária cooperação de tudo e todos para o bem comum. Observa Santarém (2012, p. 42-43) que "perdendo de vista o essencial, transformamos os seres humanos em meros recursos e afugentamos a ética que nos convoca a vivermos de maneira consciente, responsável e solidária".

Na atualidade, todos se sentem individualmente mais livres para agir de acordo com seus desejos, porém colocar no centro a vontade de poder sem limites do ser humano e a relativização de tudo que se contrapõe aos nossos interesses imediatos é altamente problemático, conforme adverte o Papa Francisco:

> Quando o ser humano se coloca no centro, acaba por dar prioridade absoluta aos seus interesses contingentes, e tudo o mais se torna relativo. Por isso, não deveria surpreender que, juntamente com a onipresença do paradigma tecnocrático e a adoração do poder humano sem limites, se desenvolva nos indivíduos este relativismo no qual tudo o que não serve aos próprios interesses imediatos se torna irrelevante (IGREJA CATÓLICA, 2015, 122, p. 99-100).

A cultura pós-moderna é predominantemente egocêntrica, autorreferencial e narcisista. O narcisismo torna as pessoas incapazes de olhar para além de si mesmas, dos seus desejos e necessidades (GALVÃO, 2019). Isso nos leva a ficar sem base sólida, à mercê dos gostos e interesses volúveis de cada indivíduo. O sociólogo polonês Zygmunt Bauman (1925-2017), para definir essa visão antropológica que se sobressai na Pós-modernidade, cunhou o conceito de "modernidade líquida". Ele escolheu a metáfora do "líquido" ou da fluidez porque o líquido não conserva sua forma por muito tempo. Então, "vivemos em tempos líquidos", uma vez que tudo é incerto, provisório, volátil e descartável.

A cultura do relativismo, predominante na Modernidade e Pós-modernidade, provoca diversas crises, dentre as quais destacamos as crises ética, social e ecológica. Essas crises não nos deixam indiferentes, pois nos interpelam a encontrar caminhos para sua superação, o que exige de nós decisão de mudança de rumo. Por isso, no dizer de Boff (2011, p. 28), "toda situação de crise [...] é prenhe de vitalidade criadora". Enfim, como veremos em seguida, o desconforto provocado pelas crises nos provoca a repensar nosso modo de ser, pensar, sentir, agir e dialogar com a alteridade e a redefinir nosso lugar no cosmo.

1.1 As crises ética e social

A conceituação de ética que ora privilegiamos tem a ver com valores imprescindíveis para as boas relações humanas, bem como para a defesa de todas as formas de vida existentes no planeta: o amor, a justiça, a solidariedade, a compaixão, o cuidado, o respeito e a responsabilidade socioambiental. Entendemos por ética

> o conjunto das inspirações, dos valores e dos princípios que orientarão as relações humanas para com a natureza, para com a sociedade, para com as alteridades, para consigo mesmo e para com o sentido transcendente da existência: Deus (BOFF, 2009, p. 18).

A relativização dos valores e de outros princípios em nossas múltiplas relações resulta na exacerbação do individualismo e da competição entre as pessoas, na coisificação das pessoas e da natureza, na corrupção, no uso dos bens públicos para beneficiar interesses privados, na mercantilização das relações humanas, sociais, culturais, sexuais e religiosas. O Papa Francisco adverte que o afastamento dos valores religiosos e a absolutização do homem e do mundo são causas importantes da atual crise:

Entre as causas mais importantes da crise do mundo moderno, contam-se uma consciência humana anestesiada e o afastamento dos valores religiosos, bem como o predomínio do individualismo e das filosofias materialistas, que divinizam o homem e colocam os valores mundanos e materiais no lugar dos princípios supremos e transcendentes (IGREJA CATÓLICA, 2020, 275, p. 140-141).

Por conseguinte, a crise ética se expressa na falta de princípios e valores fundamentais que orientam a vida pessoal e social, substituídos por um "salve-se quem puder". Como observa Santarém (2012, p. 42), "o progresso material, a tecnociência e os valores econômicos foram colocados acima de tudo, e em nome destes 'deuses' muitos males têm sido causados". Inclusive, o ser humano é, frequentemente, reduzido a uma mercadoria.

De maneira geral, não vemos as pessoas e coisas como elas realmente são, mas dentro de padrões previamente estabelecidos pelas ideologias da publicidade e do utilitarismo. Em vez da coisa, o que vemos é a utilidade que nós estabelecemos e impomos. Destarte, não estamos negando a importância dos avanços no âmbito da tecnologia e de todo o progresso científico. Não podemos ignorar que "a tecnociência, bem orientada, pode produzir coisas realmente valiosas para melhorar a qualidade de vida do ser humano, desde os objetos de uso doméstico até aos grandes meios de transporte, pontes, edifícios, espaços públicos" (IGREJA CATÓLICA, 2015, 103, p. 84). O que, então, se questiona é a relativização dos valores da vida, como a ética, a espiritualidade, a justiça e o bem comum.

Além da crise ética, constatamos uma alarmante crise social, em escala mundial. Salta-nos aos olhos que o Brasil é um país socialmente muito desigual, machista e racista. Persistem inúmeras formas de injustiça, alimentadas por um modelo econômico fundado no lucro, que não hesita em explorar, descartar e até destruir o homem e a natureza. De fato, "a obsessão por um estilo de vida consumista, sobretudo quando poucos têm possibilidades de o manter, só poderá provocar violência e destruição recíproca" (IGREJA CATÓLICA, 2015, 204, p. 165).

A crise social manifesta-se em diversos fenômenos; notadamente, no aumento das favelas, com todas as suas consequências de infância desprovida de amor e cuidado; no aumento da criminalidade, do desemprego e da fome. A crise sanitária da Covid-19, que assolou o mundo inteiro, em 2020-2021, escancarou e aprofundou ainda mais a crise social e suas nefastas consequências.

1.2 A crise ecológica

A crise ecológica também tem sua origem numa equivocada compreensão egocêntrica do humano. Na raiz dela estão o endeusamento do eu, que relativiza as demais coisas, e a vontade de ter, de poder e de estar sobre a natureza e não junto dela, sem o respeito e o cuidado que toda alteridade merece e exige. Por outras palavras:

> A raiz do alarme ecológico reside no tipo de relação que os humanos, nos últimos séculos, entretiveram com a Terra e seus recursos: uma relação de domínio, de não reconhecimento de sua alteridade e de falta de cuidado necessário e do respeito imprescindível que toda alteridade exige (BOFF, 2009, p. 16).

A crise ecológica se manifesta no esgotamento das fontes tradicionais de energia, nos níveis exacerbados de poluição ambiental, no grau de contaminação das águas, do ar, dos solos, no desaparecimento acelerado de espécies, na degeneração da qualidade de vida, no modelo de produção e consumo, nos fenômenos climáticos etc.

A percepção que temos desses efeitos da crise ecológica é que não podemos continuar nesse caminho, pois nos levará à autodestruição. O destino da Terra e da humanidade coincide: ou nos salvamos juntos, ou sucumbimos juntos. Para sair desse impasse, precisamos mudar urgentemente de mentalidade e de estilo de vida. Parafraseando Albert Einstein, não se sai de uma crise nem se soluciona um problema com a mesma mentalidade que gerou a situação. Portanto, precisamos de uma nova ideia de ser humano, capaz de ver todos os seres do universo inter-relacionados e partes de uma totalidade orgânica:

> Não existe a célula sozinha. Ela é parte de um tecido, que é parte de um órgão, que é parte de um organismo, que é parte de um nicho ecológico, que é parte de um ecossistema, que é parte do Planeta Terra, que é parte do Sistema Solar, que é parte de uma galáxia, que é parte do cosmos, que é uma das expressões do Mistério ou de Deus. Tudo tem a ver com tudo. A complexidade procura respeitar essa totalidade orgânica, feita de relações em rede e de processos de integração (BOFF, 2017, p. 46).

Para o aprendizado do conhecimento sistêmico ou ecológico dever-se-ia introduzir a ciência ecológica como matéria obrigatória em todo o ciclo de ensino. Pois, no dizer de Edgar Morin (2015, p. 131),

> o conhecimento ecológico tornou-se vital e urgente: ele permite, requer e estimula a tomada de consciência das degradações da biosfera que, de modo cada vez mais perigoso, repercutem na vida dos indivíduos, nas sociedades, na humanidade e nos incitam a tomar medidas indispensáveis a respeito desse efeito.

A tragédia global da pandemia de Covid-19 contribuiu muito para despertar no ser humano a consciência de que somos uma comunidade mundial e fez "ressoar o apelo a repensar os nossos estilos de vida, as nossas relações, a organização das nossas sociedades e, sobretudo, o sentido da nossa existência" (IGREJA CATÓLICA, 2020, 33, p. 27). Enfim, precisamos de um novo modelo de civilização, de uma nova antropologia e, especialmente, de uma nova ética: a ética franciscana de amor e da fraternidade universal.

2 Ética franciscana para uma nova civilização

Francisco de Assis compreendia-se como um núcleo de relações consigo mesmo, com os outros, com a natureza e com o Transcendente. Como já vimos, também para Boaventura, a pessoa é essencialmente relação. Pessoa e relação são conceitos idênticos; isso quer dizer que a relação não é uma característica acidental, mas essencial da pessoa, porque criada à imagem e semelhança de Deus, essencialmente relação de amor.

2.1 Habitar a casa do amor e da liberdade

O amor é a essência, o *ethos*, a morada originária do ser humano. E, como morada originária do humano, "o amor é um elemento constitutivo do cuidado do outro" (MORTARI, 2018, p. 146). Consideramos, então, a palavra "amor" como tradução do termo grego *ágape,* que indica um amor entendido como proteção, cuidado, benevolência. Por isso, quando um doutor da Lei perguntou a Jesus qual seria o maior mandamento da Lei, Ele respondeu: "Amarás o Senhor teu Deus com todo teu coração, com toda tua alma e com toda tua mente. Este é o maior e o primeiro mandamento. O segundo é semelhante a este: Amarás o próximo como a ti mesmo" (Mt 22,36-39).

O amor transforma o amante no amado. De modo que, amando a Deus sobre todas as coisas, com a totalidade do nosso ser, tornamo-nos semelhantes a Ele no amor e cuidado do próximo. Quanto ao segundo mandamento, amar ao próximo como a si mesmo, significa querer, com todas as fibras do coração, o máximo bem do outro, que ele desenvolva plenamente as suas capacidades. Assim, o maior mandamento da Lei se radicaliza como Novo Mandamento de amar-nos uns aos outros como Deus feito homem, Cristo, nos amou (HARADA, 2016). Ninguém tem maior amor do que aquele que, em vista do máximo bem do próximo, lhe doa a própria vida.

Por conseguinte, o ser humano somente encontra o sentido pleno de sua existência na via do dom de si mesmo. A pessoa foi criada para amar e, na visão do Papa Francisco, "o amor cria vínculos e amplia a existência, quando arranca a pessoa de si mesma para o outro" (IGREJA CATÓLICA, 2020, 51, p. 51). Amar é fazer a experiência de despossuir-se continuamente para dar-se sem reservas ao ser amado:

> Somente quem ama é capaz de dar-se sem reservas ao ser amado, até o ponto de assumir para si a dor de quem se ama. Sem amor, não há compaixão pela fragilidade do outro. Sem amor, não há respeito pelo que o outro é em sua intimidade. Quando o amor perde suas crenças no outro, as relações ficam desprovidas de encantamento (GALVÃO, 2019, p. 142).

Conforme também já abordamos em páginas anteriores, para Francisco de Assis, Boaventura e Duns Escoto, o amor pressupõe liberdade. Liberdade é mais do que ser livre disso e daquilo. Com Duns Escoto, por exemplo, vimos que a essência da liberdade se encontra no poder de autodeterminação da vontade. Isso quer dizer que, em qualquer circunstancialidade, podemos ser livres, ou seja, sempre podemos escolher como reagimos em cada situação, mesmo naquelas que não escolhemos:

> O homem não escolhe a família onde nasce, não escolhe a cultura da qual participa, nem escolhe as várias situações nas quais foi posto, ou onde foi lançado. Nesses limites criados pela circunstancialidade, porém, o homem tem a possibilidade, a capacidade e a aptidão para escolher. Ser humano é estar em contínua situação de escolha, de correr riscos nessa escolha, de assumir compromissos e de sofrer as consequências das decisões tomadas. Sem riscos não há opções significativas para o ser e sem elas não há liberdade (MARTINS, 2006, p. 53-54).

Na Escola Franciscana, prevalece o conceito de liberdade como desprendimento de todas as coisas, autodomínio e autodeterminação da vontade. Somente livres, desapegados, soltos e despreocupados podemos acolher a alteridade tal como ela é. Sem a liberdade, não são possíveis a escuta atenta, a empatia e a compreensão mútua. Não se desarmar para escutar o outro denota desinteresse pelo mistério da alteridade. No entanto, a escuta verdadeira não é apenas questão de ouvir com os ouvidos. Escutar significa prestar atenção, ter desejo de compreender, dar valor, respeitar, guardar a palavra alheia.

Boaventura, no *Itinerarium mentis in Deum*, interpela o ser humano a mergulhar em sua interioridade abissal: "Entra, pois, ó homem, em ti mesmo" (Itin 3, 1), pois só à medida que o ser humano entra no espaço sagrado da interioridade, onde habita a Verdade, descobre que "a estrutura ontológica do ser humano é essencialmente relacional, no sentido de que o nosso ser-aí vem a ser através das relações com os outros" (MORTARI, 2018, p. 47). No silêncio da mente, na "última solidão", o ser humano reconecta-se com o seu verdadeiro eu, com os outros e com a totalidade dos seres (MERINO; FRESNEDA, 2006).

Aliás, nunca estivemos tão conectados e, ao mesmo tempo, tão desconectados da realidade e distantes de nossa própria interioridade como nos dias de hoje. Na atualidade, adverte o Papa Francisco, "empanturramo-nos de conexões e perdemos o gosto da fraternidade. Prisioneiros da virtualidade, perdemos o gosto e o sabor da realidade" (IGREJA CATÓLICA, 2020, 33, p. 27).

Em que momentos do dia não estamos conectados pelo Facebook, WhatsApp, Instagram, Twitter, YouTube, LinkedIn? Quando a internet cai e ficamos sem "contato", nos sentimos impotentes, inquietos e até angustiados. Contudo, "angústia maior deveríamos sentir quando perdemos a conexão com a nossa interioridade, com nosso eu mais profundo" (GALVÃO, 2019, p. 9). Portanto, vivemos tempos de muita conexão, mas também de muita distração:

> Vivemos a era do "narcisismo digital" e da superficialidade nas relações. Tudo parece cada dia mais volátil e passageiro. Quando nos habituamos demasiadamente ao mundo conectado, tudo o que é profundo nos assusta. Portanto, é urgente saber a hora certa de desconectar. Porque o Sagrado, de que somos feitos, não sobrevive sem o consolo da solidão interior (GALVÃO, 2019, p. 65).

Por fim, ressaltamos que são infindáveis os benefícios do uso da internet. Entretanto, em meio a tantas conexões possíveis, destacamos a relevância de fazer uso consciente e responsável das redes sociais, sem nos deixar escravizar pela vida *on-line*, e de manter-nos sempre em conexão primeira com o nosso eu mais profundo e com o mundo *off-line*.

2.2 *Ética e responsabilidade socioambiental*

Falar de ética é falar de responsabilidade socioambiental. Sobre o conceito de responsabilidade, diz-se que é a capacidade de dar respostas eficazes (*responsum*, em latim, donde vem responsabilidade) aos problemas que nos chegam da realidade complexa. Eu sou responsável pelo outro porque ele me interpela sempre e "sou responsável não por causa do que sei do outro, de suas virtudes, do que ele fez ou poderia ter feito a mim ou por mim. Não cabe ao outro provar a mim que lhe devo minha responsabilidade" (BAUMAN, 2003, p. 92). Nessa perspectiva, também diz Lèvinas que "a face de um próximo para mim significa uma responsabilidade inexplicável precedente a qualquer consentimento livre, a qualquer pacto, a qualquer contrato" (*apud* BAUMAN, 2003, p. 101). Assim sendo, é ético sentir-se responsável pelo outro, independentemente do que ele é e faz.

Cada ser humano é ontologicamente débil, frágil, insuficiente a si mesmo. Tem necessidade de cuidado e isso evidencia que é a reciprocidade de cuidados que torna possível nossa vida. É próprio do ser humano precisar de cuidados. De acordo com Luigina Mortari (2018, p. 142), "é a ideia de que o outro é alguém que necessita de cuidado a gerar o senso de responsabilidade. O dar-se conta da vulnerabilidade e da fragilidade do outro me obriga ao outro" (MORTARI, 2018, p. 142). Na debilidade do outro existe um apelo à responsabilidade, a vulnerabilidade "nos impulsiona a agir pelo outro, a fazer por ele aquilo que gostaríamos que fosse feito por nós" (MORTARI, 2018, p. 142). Antes de pensar e decidir, nos encontramos intimados à responsabilidade.

Por conseguinte, na raiz geradora do agir ético, que se exprime na responsabilidade pelo outro, não existe apenas um sentimento, mas um "pensar com o coração". Ou seja, não basta ter consciência da dificuldade do outro, precisamos também da sensibilidade que nos põe em contato com os sentimentos do próximo. Com admirável eloquência, reitera Mortari (2018, p. 144), "o sentir-se tocado pelo outro é decisivo", pois é esse sentimento que põe em movimento todo o nosso ser. De modo que, na raiz do agir responsável não temos um sentimentalismo vazio, nem uma razão fria e calculista, mas a ação integral do ser humano:

> A vida da mente é um todo unitário: onde existe o pensar, existe o sentir; onde existem sentimentos, existem conteúdos cognitivos. Assim como a vida espiritual é intimamente ligada àquela corporal, assim a vida do pensar é uma coisa só com o fluir da vida afetiva (MORTARI, 2018, p. 149).

A sensibilidade, que nos põe em contato com os sentimentos do outro, podemos chamar de empatia ou compaixão. Jesus Cristo é, sem dúvida, modelo de empatia e de responsabilidade para toda a humanidade. Ele se sente profundamente tocado pelo outro e, movido pelo senso de responsabilidade, cura o cego de nascença, acolhe a mulher adúltera, coloca a criança no centro, protege os leprosos, salva o bom ladrão, vai à procura da ovelha perdida, não por algo que tivessem feito anteriormente; ao contrário, acolhe-os na gratuidade, na responsabilidade ética, por serem outro pura e simplesmente. O próximo, para Jesus Cristo, é aquele que nos atinge antes de qualquer atitude sua.

Na cultura cristã e franciscana, são fundamentais as obras de caridade. Ou melhor, a essência da ética cristã reside em cuidar, empaticamente, do próximo: "Tive fome e me destes de comer, tive sede e me destes de beber, fui peregrino e me acolhestes, estive nu e me vestistes, enfermo e me visitastes" (Mt 25,35-36). No entanto, é no texto da parábola do "bom samaritano" (Lc 10,30-37), que se condensa a essência ética do cuidado, pois o samaritano assume o cuidado de alguém que nada pode fazer por si mesmo. Inspirado pela gratuidade de Jesus Cristo, o samaritano não hesita em interromper a sua viagem para dedicar tempo e energia a quem se encontra caído à beira do caminho. Ao vê-lo, sentiu compaixão, e cuidou dele. Comentando essa passagem bíblica, Mortari (2018) destaca que o samaritano solicitou a participação de outra pessoa para ajudar a cuidar do irmão necessitado, porque o cuidado do próximo é corresponsabilidade de todos.

O agir ético é um agir em rede interdependente e em aliança. O outro é porque eu sou e vice-versa. Tudo e todos estão interligados. Por isso, a razão do cuidado e respeito pelo outro fundamenta-se também no fato de que todos são interdependentes e cada ser vivo é um elo da corrente da vida e merece continuar a viver. No universo, cada um vive pelo outro, para o outro e com o outro. Se "tudo é relação e nada existe fora da relação, então a lei mais universal é a sinergia, a sintropia, o inter-retrorrelacionamento, a colaboração, a solidariedade cósmica, a comunhão, fraternidade/sororidade universais" (BOFF, 2000, p. 43).

A responsabilidade social e ambiental só ocorre quando temos consciência das consequências de nossos atos sobre os outros e a natureza. Hans Jonas (*apud* BOFF, 2003-a, p.51) formulou o "princípio de responsabilidade" por meio de um imperativo categórico: "Aja de tal maneira que as consequências de suas ações não sejam destrutivas da natureza, da vida, da Terra".

Na atualidade, fala-se reiteradamente de crises. E, quando se fala de crises, deve-se perceber que elas são sintomas de mudanças ou de necessidade de mudanças. De fato, sente-se, hoje, a necessidade de gestar um novo paradigma que promova mais igualdade e justiça social, que valorize igualmente todas as formas de vida no universo. Sem dúvida, o tempo presente exige uma ética sócio e ambientalmente responsável:

> Precisamos efetivamente de uma nova experiência fundacional, de uma nova espiritualidade que permita uma singular e surpreendente re-ligação de todas as nossas dimensões com as mais diversas instâncias da realidade planetária, cósmica, histórica, psíquica e transcenden-

tal. Só então será possível o desenho de um novo modo de ser a partir de um novo sentido de viver junto com toda a comunidade global (BOFF, 2004, p. 107-108).

Diante das mudanças requeridas pelo nosso tempo, Francisco de Assis tem muito a nos ensinar, pois é uma espécie de encarnação de uma espiritualidade de amor e cuidado à vida. Ele é modelo para toda a humanidade de relação afetuosa e responsável para com todas as criaturas, porque, humildemente, se inclinou aos pés de cada criatura e cuidou delas com amor e alegria.

2.3 Ética da compaixão e do encontro eu-tu-nós

O amor é compaixão. Por isso, a compaixão sempre foi central na vida de São Francisco. Ele teve compaixão no sentido etimológico da palavra *compassio*, isto é, de alegrar-se junto, sofrer junto, construir e crescer junto. Conforme relata o biógrafo Tomás de Celano, ele foi compassivo especialmente para com os pobres e enfermos:

> Tornava suas as dores dos que sofriam, oferecendo-lhes palavras de compaixão, quando não podia ajudá-los. Comia ele próprio nos dias de jejum, para que os enfermos não se envergonhassem de comer; não se envergonhava de pedir carnes publicamente pela cidade para um irmão enfermo. [...] Uma vez, ele levou a uma vinha um enfermo que ele sabia que tinha vontade de comer uvas; e, sentando-se sob a videira, começou ele próprio a comer primeiro para dar ao outro coragem de comer (2Cel 132, 175-176).

Um pré-requisito fundamental para fazer misericórdia é a sensibilidade. A sensibilidade, que nos põe em contato com os sentimentos do outro, não é fraqueza, mas um olhar atento que enxerga além das aparências, que vislumbra nas partes o todo e no todo a harmonia das partes. Quem é sensível sabe que, quando um membro do corpo é ferido, todo o corpo sofre a dor daquele membro. A sensibilidade nos tira da indiferença e nos faz agir com "entranhas de compaixão". Conta-nos Tomás de Celano (1Cel 28, 77):

> Francisco de Assis transbordava em espírito de caridade, tendo entranhas de compaixão não só para com os homens que sofriam necessidade, mas também para com os animais privados de fala e de razão, répteis, pássaros e demais criaturas sensíveis e insensíveis.

A compaixão, como capacidade de compartilhar a própria paixão (sentimentos de afeto, de sofrimento e de alegria) e de entrar no universo do outro como outro, assemelha-se à empatia. O termo "empatia" (*empátheia*) é composto de *én* (em, dentro) e *páthos* (paixão, afeto, sofrimento, sentimento). Fazer o movimento da empatia é se colocar dentro da experiência íntima do outro, no seu lugar para compreendê-lo a partir de si e de seu ponto de vista, sem julgá-lo. Ter compaixão significa sentir o padecer do outro e avaliar essa sensação como algo que não pode ser aceito. Por isso, sentir a situação do outro como injusta tem fortes implicações éticas, porque nos mobiliza a agir para aliviar tal sofrimento:

> Compaixão é sentir a injustiça da dor do outro, é sentir algo que faz mal. É próprio da compaixão que sente a condição do outro como injusta, a ativação do sujeito a empenhar-se para aliviar tal sofrimento. Por conseguinte, a compaixão tem fortes implicações éticas e políticas (MORTARI, 2018, p. 236).

Francisco de Assis foi bastante sensível ao sofrimento do próximo e agia com justiça misericordiosa. Ele não se contentava com uma justiça que se reduzia a uma prática distributiva de bens materiais, mas com a justiça de oferecer a cada um o que era fundamental para a qualidade de sua vida. Sua justiça transcendia a dos escribas e fariseus, porque devolvia aos seres humanos a dignidade de seu ser. Essa justiça misericordiosa é alicerce para a construção de uma nova civilização, pois, enquanto não houver essa justiça originária de amor e misericórdia (justiça misericordiosa e empática), não haverá justiça distributiva, não haverá o encontro amoroso eu-tu-nós.

Parafraseando o filósofo do diálogo, Martin Buber, a livre-relação entre os seres humanos não é de sujeito-objeto, eu-isso, mas de eu-tu. Para Buber, "o homem se torna Eu na relação com o Tu" (BUBER, 2010, p. 68). Aqui, não se trata do eu do egotista e autorreferencial, mas é o eu do diálogo infinito. Esse Eu, com inicial maiúscula, se constrói na experiência de encontro eu-tu. Nunca o eu está só, ele sempre é também eco de um tu que ressoa dentro dele. O tu é outro eu diverso, aberto ao eu do outro. É nesse jogo de diálogo eu-tu que a pessoa humana constrói sua identidade.

Entretanto, não existe apenas o diálogo eu-tu. Quando essa relação supera o eu e o tu, em comunhão, eles formam uma nova relação, que é o nós, ou seja, a fraternidade. A relação entre as pessoas, na fraternidade, não é de sujeito-objeto, mas de sujeito-sujeito, ou melhor, nela predomina a relação amorosa eu-tu-nós. Cada indivíduo alimenta a comunidade em que está inserido, mas sem ser totalmente absorvido pelo viver na e para a comunidade. São os indivíduos que, em última instância, conferem sua fisionomia particular a uma comunidade. Afirma Edith Stein (*apud* RUS, 2017, p. 130):

> A comunidade "funda-se" essencialmente nos indivíduos; e o seu caráter eventualmente se modifica se os indivíduos que lhe pertencem modificam o seu caráter, se novos indivíduos chegam ou se indivíduos mais velhos se retiram. [...] O caráter da comunidade depende, em primeiro lugar, da particularidade individual dos seus membros.

Se o relacionamento eu-tu-nós quiser manter seu caráter pessoal sem recair na ontologia impessoal da "substância", deverá realizar esse movimento de interação das esferas pessoais, conforme sugere Romano Guardini (2017, p. 192):

> Dois homens podem estar se contradizendo entre eles extremamente, ou então, por exemplo, numa contenda pelo alimento. Entre ambos os casos o outro não é o "tu". E, por sua parte, o primeiro não vai ao encontro do outro como um "eu", mas como sujeito de determinadas tendências. A coisa essencialmente não muda, se os dois sujeitos se empenham com a maior inteligência e a mais hábil técnica [...]. O outro torna-se um tu para mim, só quando cessa a pura relação de sujeito-objeto. O primeiro passo para o tu é aquele movimento que "retira as mãos" e liberta o espaço em que possa ter livre-curso o autofinalismo da pessoa. É aquele movimento que representa o primeiro efeito da "justiça" e o fundamento de todo "amor". O amor pessoal começa de maneira decisiva não com um movimento para o outro, mas do outro. No mesmo instante se inverte também a minha atitude. À medida que eu consinto nele, que antes considerava como objeto, a atitude do eu emergente do seu próprio centro e deixo que se torne o meu tu, passo também eu da atitude do sujeito utilitarista à atitude do eu.

O outro torna-se um tu para nós quando cessamos de nos relacionar com ele como sujeitos utilitaristas e permitimos que ele se torne o nosso tu. Ao acolher o outro, tal como ele é, como um tu, também nós superamos a atitude de sujeito e passamos para a atitude do eu-tu-nós. A pessoa existe como tal à medida que sai de si e se encontra na alteridade. Caso contrário, fechada em si mesma, é um mero sujeito que coisifica e instrumentaliza as pessoas e a natureza, conforme ressalta Garcia Rubio (*apud* ROCHA, 2014, p. 51):

Fechado em si mesmo, o ser humano coisifica e instrumentaliza todo tipo de relação. Se for uma pessoa religiosa, aceitará Deus só na medida em que este responde à sua expectativa. Utiliza o divino apenas para o interesse próprio, tal como utiliza as relações com os seres humanos. O outro só é "aceito" quando pode responder às necessidades e o seu relacionamento com a natureza também é meramente utilitário. Não é percebido nem celebrado o simbolismo que ele contém. Quer dizer, o outro (Deus, homem, mulher, filho etc.) não é aceito como outro [...] predomina, na subjetividade fechada, a rejeição do outro como outro, [...] a subjetividade fechada instaura e desenvolve relações desumanizantes, leva à morte do outro e ao desastre ecológico.

Portanto, é necessário sair da subjetividade fechada, que instaura e desenvolve relações desumanizantes e utilitaristas com os seres humanos, com a natureza e com Deus. O movimento de cessar a relação sujeito-objeto e deixar que o outro se torne o meu tu é fundamental para a concretização de uma nova civilização: a fraternidade humana e cósmica.

2.4 *Ética franciscana da fraternidade universal*

Experiência e pensamento franciscano partem do pressuposto de que o universo foi criado por Deus. Tudo está sendo continuamente criado e sustentado na existência pelo Criador. Por isso, conforme abordamos em capítulos anteriores, especialmente sobre a origem e a finalidade da criação, Deus é o único princípio de tudo e criou todas as coisas segundo a Sua vontade e intelecto. Ele é, então, o Pai de todas as criaturas. Por conseguinte, devido à consanguinidade espiritual que existe entre as criaturas, todos os seres do universo formam uma fantástica fraternidade. Cada criatura não existe em si, mas é parte de um todo maior; o que acontece com cada criatura afeta o todo e vice-versa.

Através dos biógrafos de Francisco de Assis, sabemos que ele tinha entre as suas principais preocupações fomentar o laço da unidade entre os seus filhos, ou seja, entre aqueles que entraram na Ordem impulsionados por um só e mesmo Espírito. Relata-nos o biógrafo Tomás de Celano (2Cel 44, 191) que ele

> sempre teve o constante desejo e o vigilante esforço de preservar entre os filhos o vínculo da unidade (cf. Ef 4,3), para que fossem afagados em paz ao colo de uma única mãe os que foram trazidos pelo mesmo espírito (cf. Jó 34,14) e gerados pelo mesmo pai (cf. Pr 23,22). Queria que os maiores se unissem aos menores, que os sábios se ligassem aos simples com afeto de irmão de sangue, que os distantes se associassem entre si pelo laço do amor.

No entanto, também sabemos que Francisco de Assis quis que o vínculo da unidade se estendesse ao universo de todas as criaturas. Francisco tinha um coração universal e, por isso, é evocado diversas vezes pelo Francisco de Roma (IGREJA CATÓLICA, 2015, 10, p. 10), como motivador, guia e inspirador de vida:

> Amava [São Francisco] e era amado pela sua alegria, a sua dedicação generosa, o seu coração universal. Era um místico e um peregrino que vivia com simplicidade e numa maravilhosa harmonia com Deus, com os outros, com a natureza e consigo mesmo.

De fato, Francisco de Assis compreendia-se pertencente a uma fraternidade humana e cósmica. No opúsculo *Espelho da perfeição*, comenta-se que "sentia-se arrastado para as criaturas com um singular e entranhado amor" (EP 113). Tinha tão entranhado amor pelas criaturas que estas reconheciam o seu afeto para com elas e pressentiam o seu carinho (1Cel 21, 59).

Entre todas as espécies de animais, Francisco amava com especial afeição e mais pronto afeto os cordeirinhos, pelo fato de a humildade de Nosso Senhor Jesus Cristo ser frequentemente comparada, na Sagrada Escritura, ao cordeiro, de modo que encontrava nesses animais alguma semelhança alegórica com o Filho de Deus, por isso deveriam ser tratados sempre cuidadosamente. Tomás de Celano conta que, numa ocasião, ao passar pela Marca de Ancona, Francisco

> encontrou um homem que levava à feira para vender dois cordeirinhos amarrados e suspensos no seu ombro. E quando o bem-aventurado Francisco ouviu os cordeiros balirem, comoveram-se suas entranhas e ele, aproximando-se, tocou-os, mostrando afeto de compaixão, como uma mãe para com o filho que chora. E disse ao homem: por que maltratas meus irmãos cordeiros assim amarrados e suspensos? Respondendo, ele disse: Levo-os à feira para vendê-los, impelido pela necessidade do pagamento. E disse o santo: Depois, o que acontecerá com relação a eles? Aquele homem lhe disse: Os que os comprarem os matarão e comerão. Respondeu o santo: Nada disto! Que isto não aconteça. Mas, toma como pagamento o manto que visto e dá-me os cordeiros. Ele, com espírito alegre, deu os cordeiros e recebeu o manto, porque o manto era de preço muito maior, o qual o santo naquele mesmo dia recebera de empréstimo de um homem fiel, para expulsar o frio. O santo, tendo recebido os cordeirinhos, preocupado, pensava consigo o que fazer com eles; e, depois de obter a opinião do irmão que o acompanhava, devolveu-os àquele homem para que cuidasse deles e ordenou-lhe que não os vendesse em tempo algum nem lhes fizesse mal, mas os conservasse, nutrisse e tratasse cuidadosamente (1Cel 28, 79).

Francisco de Assis, outrora, como agora, ensina-nos a hospitalidade entre pessoas, culturas, religiões e nações e o respeito pelo ecossistema, de modo que, se quisermos construir uma civilização nova e reconciliada, sob a inspiração dele, temos de desenvolver a capacidade de ver todos os seres do universo inter-relacionados e partes de uma totalidade orgânica. Deus, sábia e magnificamente, dispôs o universo ao ser humano para que ele, através de todos os seres, pudesse amar, louvar e bendizer o Criador. Ou, como diz belamente São Boaventura, "esse conjunto sensível de coisas corpóreas é como uma casa, construída pelo supremo artífice para o homem, até que chegue 'no céu a casa que não foi feita por mãos de homens' (2Cor 5,1)" (BOAVENTURA, 1999, p. 112).

O sonho da fraternidade universal é a grande esperança que nos move no combate à cultura da indiferença, do descartável e da fragmentação da realidade. Esse mundo que aí está foi feito por nós, portanto, pode ser reinventado por nós. Para superar as atuais crises e reinventar o mundo, temos de sonhar juntos, como uma única humanidade, e nos ajudar mutuamente. Um mundo diferente é possível e pede que aprendamos a construí-lo, e isto envolve toda a nossa humanidade, tanto em nível pessoal como comunitário. Afinal, reitera o Papa Francisco: "Ninguém pode enfrentar a vida isoladamente [...]; precisamos de uma comunidade que nos apoie, que nos auxilie e dentro da qual nos ajudemos mutuamente a olhar em frente. Como é importante sonhar juntos!" (IGREJA CATÓLICA, 2020, p. 14).

Hoje, temos o grande desafio de fazer renascer entre as pessoas o anseio de uma nova civilização. Nessa perspectiva, é importante que as famílias, as instituições educacionais, as igrejas e a sociedade sonhem juntas e unidas pratiquem os valores da liberdade e da solidariedade, da justiça e da compaixão, da partilha e da atenção plena, da empatia e do cuidado pela vida. Oxalá, renasça em todos o anseio de uma fraternidade cósmica, de acordo com a intrépida aspiração do Papa Francisco: "Desejo ardentemente que, neste tempo que nos cabe viver, reconhecendo a dignidade de cada pessoa humana, possamos fazer renascer, entre todos, um anseio mundial de fraternidade" (IGREJA CATÓLICA, 2020, 8, p. 14).

Portanto, para que o Sol de Assis desponte no horizonte de uma nova aurora, é imperioso gerar a cultura da proximidade e do encontro, já morando na casa do amor e do respeito mútuo, do diálogo construtivo, da inclusão das diferenças, da empatia e da justiça misericordiosa. O ser humano encontra o pleno sentido de sua existência na vida em comunidade. Um ser humano só pode desenvolver-se e encontrar a sua plenitude no dom sincero de si mesmo aos outros e não chega a reconhecer completamente a sua própria verdade interior senão no encontro amoroso eu - tu – nós com os outros. Embora haja muitos desencontros pela vida, apregoa Vinícius de Moraes: "A vida é a arte do encontro" (*apud* IGREJA CATÓLICA, 2020, 215, p. 112).

VIII
Conclusão

Quem sou eu? Por que eu nasci? Qual é o destino do homem e do mundo? Qual é o sentido da vida, do sofrimento e da morte? O que é liberdade? O que devemos fazer para juntos construirmos uma nova civilização mais humana e fraterna? O que leva uma pessoa a ser feliz?

Desde que os seres humanos tomaram consciência de si, têm feito essas perguntas e cada geração é interpelada a respondê-las de forma nova. No entanto, Francisco de Assis transcende ao seu tempo, porque respondeu de forma essencial e paradigmática às questões básicas do ser humano. Por isso, recordá-lo, na atualidade, não é retroceder a um passado cronológico longínquo, mas reconectar-se com a nossa essência mais profunda e originária.

Por conseguinte, a pessoa de Francisco de Assis continua sendo inspiração para todos os tempos, porque encontrou a verdade que habita no mais íntimo do seu coração. A essência da verdade é liberdade, desapego das coisas e do próprio ego, desprendimento e disponibilidade plena para acolher a alteridade e doar-se incondicionalmente aos analfabetos e iletrados; sadios e doentes; ricos e pobres; plebeus e nobres; leigos e clérigos; jovens e velhos; cidadãos e estrangeiros. Francisco de Assis é o pobre que, no deserto, reconectou-se com o Espírito divino, que paira sobre todas as coisas e que foi de maneira muito especial insuflado por Deus no mais íntimo do seu coração.

Na origem de todas as criaturas encontra-se a vontade livre e amorosa do Criador. Isso significa que todas as criaturas estão relacionadas e entrelaçadas pelo amor de Deus. Todos os seres do universo são diferentes doações do Amor divino e, assim, formam um corpo orgânico no qual cada ser, sem perder a sua individualidade, alimenta e realimenta-se do todo em que está inserido. Dentre as criaturas, o ser humano é especialmente amado por Deus que, por isso, concedeu-lhe a capacidade de sair de si mesmo e de unir-se, com terna afeição, ao irmão sol, ao irmão vento, à irmã lua, à irmã água e à mãe terra. Enfim, somente na verdade da liberdade, o ser humano pode verdadeiramente amar e ser feliz.

Assim sendo, à medida que o ser humano retorna ao seu *ethos* originário e reconecta-se com a centelha do divino que habita em seu interior, aumenta a sua consciência de que formamos, com todos os seres do universo, uma maravilhosa fraternidade universal. Por isso, precisamos, hoje, percorrer o *Itinerarium* assinalado por Boaventura, até a liberdade plena, que nos reconecta com Deus e com todos os seres do universo. Considerando que crises podem existir em qualquer momento, precisamos lidar com aquelas que se sobressaem em nosso tempo (ética, social e ecológica), decorrentes da perda da conexão ontológica do humano com o seu Eu mais originário.

O mal-estar físico, mental e psicológico provocado pelas crises contemporâneas suscita a construção de uma nova civilização, que implica reconexão com o Espírito do amor de Deus, intimamente presente no coração do mundo. À medida que cultivamos a atitude de amor por meio de ações concretas de cuidado à vida, respeito, diálogo, humildade e empatia, geramos uma nova civilização: a fraternidade humana e cósmica.

Profundamente tocado e sensibilizado pelo amor misericordioso, pela empatia e pelo senso de responsabilidade de Jesus pela vida do próximo, Francisco descobriu o mundo além dos muros de Assis: o mundo dos camponeses, dos servos, dos doentes, dos leprosos, dos loucos, ladrões e excluídos da sociedade. Por conseguinte, para derrubar os muros construídos pela cultura do imperialismo, da racionalidade instrumental, da dominação e da aniquilação do diferente (pessoas, povos, culturas e religiões), também devemos optar pelo paradigma da fraternidade universal como inspiração e caminho para uma nova civilização.

Iluminados pelo Sol de Assis, somos interpelados a sermos éticos, cooperativos, solidários e compassivos com todas as formas de vida existentes no universo. Parafraseando Mahatma Gandhi, devemos ser as mudanças que queremos ver no mundo, recolocando a alteridade no centro e zelando pelas melhores condições de vida integral. Enfim, quanto mais a pessoa sai de si mesma para viver em comunhão amorosa com a alteridade do outro, tanto mais realiza o seu propósito de existir no mundo.

Em suma, para concretizar o sonho de uma nova civilização é preciso que habitemos a casa da liberdade, do amor, da solidariedade e da responsabilidade socioambiental, e atuemos corajosamente para humanizar o ser humano, a educação, a liderança e as estruturas que alienam o ser humano e atentam contra a dignidade da vida. Ao deixar-nos transformar pelos valores que permeiam a experiência e o pensamento franciscano, damos uma importante contribuição para que este mundo se torne mais humano, solidário e feliz. Assim, efetivamente, o Sol de Assis é aurora de uma nova civilização!

Entretanto, o ser humano, somente com o coração livre e leve, totalmente desprendido de si mesmo e de todas as coisas, une-se ao Ser de todas as criaturas e conhece a alegria divina de existir no mundo. Se perguntássemos a São Francisco o que é ter um coração leve, certamente responderia, com a leveza de seu coração:

Tu me perguntas o que é um coração leve? Então escuta: Um pássaro está cantando no jardim. Não o perturbes. Faze-te o mais pequenino possível, o mais apagado e o mais silencioso possível. Escuta-o. Não procures pegá-lo, não tentes prendê-lo na gaiola. É a criação que canta. E seu canto é o canto de seu Criador.

Rosas desabrocham no jardim. Deixa que possam florir. Não estendas a mão para colhê-las. Alegra-te em vê-las tão belas e frescas. Elas são o sorriso do Criador.

E sobretudo, sobretudo, se Deus vem florir em teu jardim, não procures guardá-lo só para ti. Deixa Deus ser Deus. Alegra-te pelo simples fato de ele ser Deus. Que floresça no teu jardim ou no jardim do vizinho, pouco importa. Ele é Deus, isto basta.

E se encontrares um miserável, alguém que está sofrendo ou está desesperado, cala-te, escuta-o. Enche teus olhos com a presença dele, com a vida dele, até que ele possa descobrir por si mesmo em teu olhar que ele existe de verdade e que tu és seu irmão. Então encontrarás os gestos e as palavras que convém. E quem sabe nem será preciso dizer ou fazer alguma coisa. Ele existe. Tu o fizeste existir. Tu foste Deus para o teu irmão. Então não serás uma pessoa violenta, um conquistador, um ganancioso. Conhecerás a alegria divina de existir. Terás o coração leve (LECLERC, 2000, p. 131).

Referências

AGOSTINHO, S. *Confissões*. Petrópolis: Vozes, 1990.

AGOSTINHO, S. *O livre-arbítrio*. São Paulo: Paulus, 1995.

AGOSTINHO, S. *A Trindade*. São Paulo: Paulus, 2005.

AOSTINHO, S. *A verdadeira religião*. São Paulo: Paulus, 2002.

AREOPAGITA, D. *A teologia mística*. Porto: Medievalia, 1996.

ANSELMO, S. *Proslógio*. São Paulo: Abril Cultural, 1973, v. VII (Coleção Os Pensadores).

AYOUB, C. N. A. *Iluminação trinitária em Santo Agostinho*. São Paulo: Paulus, 2011.

AZEVEDO, D. *São Francisco de Assis*: fé e vida. Braga: Editorial Franciscana, 2003.

BAUMAN, Z. *Comunidade*: a busca por segurança no mundo atual. Rio de Janeiro: Jorge Zahar Editor, 2003.

BEZERRA, C. C. *Dionísio Pseudo-Areopagita*: mística e neoplatonismo. São Paulo: Paulus, 2009.

BIGI, V. C. *Studi sul pensiero di San Bonaventura*. Assis: Edizioni Porziuncola Santa Maria Degli Angeli, 1988.

BOAVENTURA, S. *Obras escolhidas*. Caxias do Sul: Editora da Universidade de Caxias do Sul, 1983.

BOAVENTURA, S. *Escritos filosófico-teológicos*. Porto Alegre: EDIPUCRS, 1999 (Coleção Pensamento Franciscano, n. 1).

BOFF, L. *Virtudes para um outro mundo possível*. Petrópolis: Vozes, 2005.

BOFF, L. Ethos *mundial*: um consenso mínimo entre os humanos. Rio de Janeiro: Record, 2009.

BOFF, L. *A águia e a galinha*: uma metáfora da condição humana. Petrópolis: Vozes, 2017.

BOFF, L. *Espiritualidade*: um caminho de transformação. Rio de Janeiro: Sextante, 2006.

BONANSEA, B. *L'uomo e Dio nel pensiero di Duns Scoto*. Milão: Editoriale Jaca Book, 1991.

BUBER, M. *Eu e Tu*. Tradução de Newton Aquiles Von Zuben. São Paulo: Centauro, 2010.

BUZZI, A. R. *Itinerário*: a clínica do humano. Petrópolis: Vozes, 1977.

CAPRA, F. *O ponto de mutação*: a ciência, a sociedade e a cultura emergente. São Paulo: Cultrix, 1982.

CAPRA, F. *As conexões ocultas*: ciência para uma vida sustentável. São Paulo: Cultrix, 2002.

CAPRA, F. *A teia da vida*: uma nova compreensão científica dos sistemas vivos. São Paulo: Cultrix, 2006.

CARDOSO, C. M. *A canção da inteireza*: uma visão holística da educação. São Paulo: Summus, 1995.

CEZAR, C. R. *Scotus e a liberdade*: textos escolhidos sobre a vontade, a felicidade e a lei natural. São Paulo: Loyola, 2010.

CONGREGAÇÃO PARA A EDUCAÇÃO CATÓLICA. Educar ao humanismo solidário para construir uma civilização do amor. *Documentos da Igreja, 41*. Edições CNBB, 2017.

CORTELLA, M. S. *Não nascemos prontos*. Provocações filosóficas. Petrópolis: Vozes, 2015.

CROCOLI, A.; SUSIN, L. C. *A regra de São Francisco de Assis*. Petrópolis: Vozes, 2013.

DE BONI, L. A.; JERKOVIC, J. *Boaventura de Bagnoregio*: escritos filo-sófico-teológicos. Porto Alegre: EDIPUCRS, 1999.

ESCOTO, J. D. *Pode-se provar a existência de Deus?* Tradução de Raimun-do Vier. Petrópolis: Vozes, 1972.

ESCOTO, J. D. *Tratado do primeiro princípio*. Tradução de Mário Santia-go de Carvalho. Lisboa: Edições 70, 1998.

FASSINI, D. F. *Vida e regra franciscana*: estranhando sua primeira versão vinda até nós. Porto Alegre: Província São Francisco de Assis, 2005.

FASSINI, D. F. *São Francisco de Assis*: juventude e conversão. Porto Ale-gre: Evangraf, 2009.

FERNANDES, M. A. *Pensadores franciscanos*: paisagens e sendas. Bragan-ça Paulista: Editora Universitária São Francisco, 2007.

FREIRE, P. *A pedagogia do oprimido*. 17. ed. Rio de Janeiro: Paz e Terra, 1987.

GALVÃO, F. *O cultivo espiritual em tempos de conectividade*. São Paulo: Paulus, 2019.

GREENLEAF, R. K. *The servant as leader*. Greenleaf Publishing Center, 1970.

HARADA, H. São Francisco de Assis e os estudos, uma questão. *Scintilla*, Curitiba, v. 1, p. 51-98, 2004.

HUNTER, J. C. *O monge e o executivo*: uma história sobre a essência da liderança. Rio de Janeiro: Sextante, 2004.

IGREJA CATÓLICA. Papa (2013- : Francisco). *Exortação apostólica Evangelii Gaudium do Santo Padre Francisco ao episcopado, ao clero às pes-soas consagradas e aos fiéis leigos sobre o anúncio do Evangelho no mundo atual*. Vaticano, 2013.

IGREJA CATÓLICA. Papa (2013- : Francisco). *Carta Encíclica* Laudato Si'. Sobre o cuidado da Casa Comum. São Paulo: Paulinas, 2015.

IGREJA CATÓLICA. Papa (2013- : Francisco). *Mensagem para o Dia Mundial da Paz*. Vaticano, 2016.

IGREJA CATÓLICA. Papa (2013- : Francisco). *O projeto educativo de Francisco.* Curitiba: Champagnat, 2019.

IGREJA CATÓLICA. Papa (2013- : Francisco). *Carta Encíclica* Fratelli Tutti – todos irmãos: sobre a fraternidade e a amizade social. São Paulo: Paulus, 2020.

LECLERC, E. *O cântico das criaturas ou os símbolos da união.* Tradução de J. B. Michelotto. 2. ed. Petrópolis: Vozes, 1999.

LECLERC, E. *O sol nasce em Assis.* Tradução de Lúcia M. E. Orth. Petrópolis: Vozes, 2000.

LIBÂNIO, J. B. *A religião no início do milênio.* São Paulo: Loyola, 2002.

MANNES, J. Compreensão e apreensão da sapiência eterna em São Boaventura. *Revista Filosófica São Boaventura*, Curitiba, v. 2, n. 2, p. 16-34, jul./dez., 2009.

MARQUES, M. H. *Como educar bons valores*: desafios e caminhos para trilhar uma educação de valor. São Paulo: Paulus, 2012.

MARTINS, J. *Estudos sobre existencialismo, fenomenologia e educação.* São Paulo: Centauro, 2006.

MERINO, J. A. *Humanismo franciscano.* Tradução de Celso M. Teixeira. São Paulo: Loyola, 1999.

MERINO, J. A.; FRESNEDA, F. M. (Org.). *Manual de filosofia franciscana.* Tradução de Celso Márcio Teixeira. Petrópolis: Vozes, 2006.

MERLO, G. G. *Em nome de São Francisco*: história dos Frades Menores e do franciscanismo até inícios do século XVI. Tradução de Frei Ary E. Pintarelli. Petrópolis: Vozes, 2005.

MOREIRA, L. *Seja um líder de heróis*: como transformar sua equipe em um esquadrão imbatível em tudo o que faz. São Paulo: Gente, 2019.

MORIN, E. *Ensinar a viver*: manifesto para mudar a educação. Porto Alegre: Salina, 2015.

MORIN, E. *O método 1*: a natureza da natureza. Tradução de Ilana Heineberg. Porto Alegre: Sulina, 2016.

MORTARI, L. *Filosofia do cuidado*. Tradução de Dilson Daldoce Junior. São Paulo: Paulus, 2018.

MULLER, P. Introdução. *In*: OCKHAM, G. *Lógica dos termos*. Tradução de Fernando Pio de Almeida. Porto Alegre: EDIPUCRS, 1999 (Coleção Pensamento Franciscano, v. 3).

NÚNEZ, M. C. *Ecologia franciscana*: raízes da Encíclica *Laudato Si'* do Papa Francisco. Arantzatu: Editorial Franciscana, 2016.

OCKHAM, G. *Lógica dos termos*. Tradução de Fernando Pio de Almeida. Porto Alegre: EDIPUCRS, 1999 (Coleção Pensamento Franciscano, v. 3).

PIVA, E. D. Os franciscanos e a ciência: a escola franciscana. In: MOREIRA, A. S. *Herança franciscana*. Petrópolis: Vozes, 1996, p. 96-129.

POMPEI, A. *Bonaventura da Bagnoregio*: il pensare franciscano. Roma: Miscellanea Francescana, 1993.

RAHNER, K. *O cristão do futuro*. São Paulo: Cristã Novo Século, 2004.

RAMPAZZO, L. *Antropologia*: religiões e valores cristãos. São Paulo: Paulus, 2014.

ROCHA, A. R. *Filosofia, religião e pós-modernidade*: uma abordagem a partir de Gianni Vattimo. São Paulo: Ideias & Letras, 2014.

ROSA, J. M. S. Da relacional antropologia franciscana. In: DE BONI, L. A. (Org.). *João Duns Scotus (1308-2008)*. Porto Alegre: EST Edições; Bragança Paulista: EDUSF, 2008. p. 281-290.

RUS, E. Pessoa e comunidade segundo Edith Stein: uma experiência da comunhão. In: MAHFOUD, M.; SAVIAN FILHO, J. (Org.). *Diálogos com Edith Stein*: filosofia, psicologia, educação. São Paulo: Paulus, 2017.

SANTARÉM, R. G. *Autoliderança*: uma jornada espiritual. Rio de Janeiro: Senac Rio, 2012.

SIMONATO, M. *O líder de A a Z*: aprenda com quem lidera na prática e de forma humanizada. São Paulo: Books International, 2021.

VARGAS, W. J. *Soberba e humildade em Santo Agostinho*. São Paulo: Loyola, 2014.

Siglas dos escritos e biografias de São Francisco e São Boaventura

1Cel	Primeira Vida, de Tomás de Celano
2Cel	Segunda Vida, de Tomás de Celano
2EP	Espelho da perfeição (maior)
Ad	Admoestações
Ant	Carta a Santo Antônio
AP	Anônimo Perusino
AtF	Atos do bem-aventurado Francisco e companheiros
Brevil	Brevilóquio
Cnt	Cântico das criaturas
DE	Ditos de Frei Egídio
EP	Espelho da perfeição
Fior	I Fioretti
Itin	Itinerário da mente para Deus
LM	Legenda maior, de São Boaventura
Lm	Legenda menor, de São Boaventura
LTC	Legenda dos três companheiros
M. Trin	Questões disputadas sobre o mistério da Trindade
Ord	Carta a toda a ordem
prol	Prólogo
RB	Regra bulada
RnB	Regra não bulada
Sent	Comentário ao livro das Sentenças
Test	Testamento
TestC	Testamento, de Santa Clara de Assis

CULTURAL

Administração
Antropologia
Biografias
Comunicação
Dinâmicas e Jogos
Ecologia e Meio Ambiente
Educação e Pedagogia
Filosofia
História
Letras e Literatura
Obras de referência
Política
Psicologia
Saúde e Nutrição
Serviço Social e Trabalho
Sociologia

CATEQUÉTICO PASTORAL

Catequese
  Geral
  Crisma
  Primeira Eucaristia

Pastoral
  Geral
  Sacramental
  Familiar
  Social
  Ensino Religioso Escolar

TEOLÓGICO ESPIRITUAL

Biografias
Devocionários
Espiritualidade e Mística
Espiritualidade Mariana
Franciscanismo
Autoconhecimento
Liturgia
Obras de referência
Sagrada Escritura e Livros Apócrifos

Teologia
  Bíblica
  Histórica
  Prática
  Sistemática

REVISTAS

Concilium
Estudos Bíblicos
Grande Sinal
REB (Revista Eclesiástica Brasileira)

VOZES NOBILIS

Uma linha editorial especial, com importantes autores, alto valor agregado e qualidade superior.

PRODUTOS SAZONAIS

Folhinha do Sagrado Coração de Jesus
Calendário de mesa do Sagrado Coração de Jesus
Almanaque Santo Antônio
Agendinha
Diário Vozes
Meditações para o dia a dia
Encontro diário com Deus
Guia Litúrgico

VOZES DE BOLSO

Obras clássicas de Ciências Humanas em formato de bolso.

CADASTRE-SE
www.vozes.com.br

EDITORA VOZES LTDA.
Rua Frei Luís, 100 – Centro – Cep 25689-900 – Petrópolis, RJ
Tel.: (24) 2233-9000 – Fax: (24) 2231-4676 – E-mail: vendas@vozes.com.br

UNIDADES NO BRASIL: Belo Horizonte, MG – Brasília, DF – Campinas, SP – Cuiabá, MT
Curitiba, PR – Fortaleza, CE – Juiz de Fora, MG – Petrópolis, RJ – Recife, PE – São Paulo, SP